EDICIÓN 2026

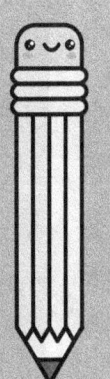

CÓMO DIBUJAR
KAWAII
- PROFESIONES -

PASO A PASO

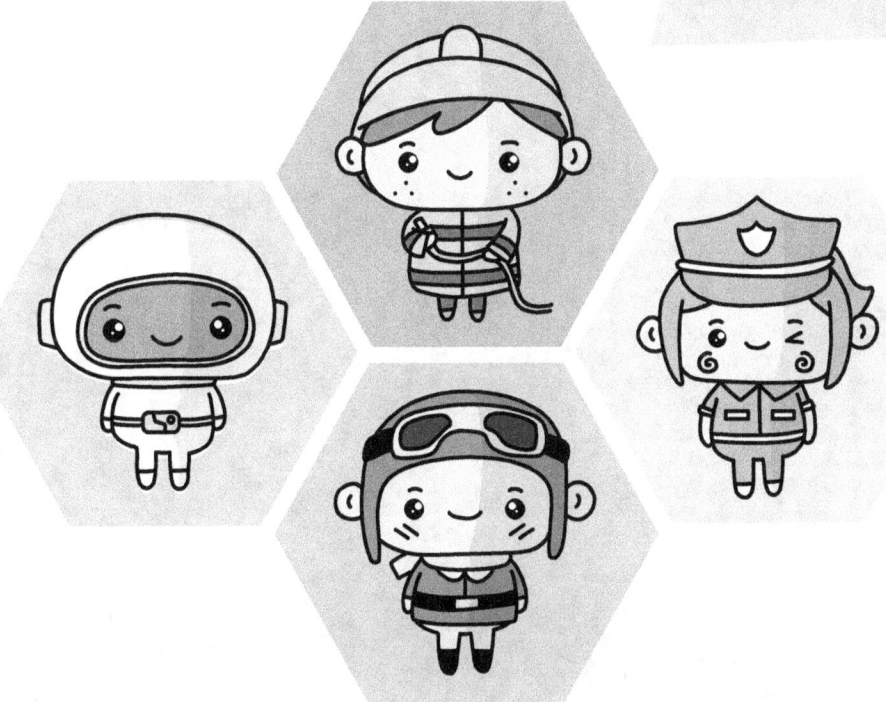

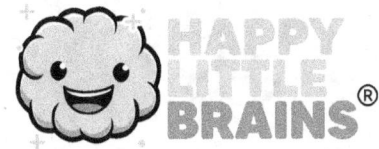

HAPPY
LITTLE
BRAINS ®

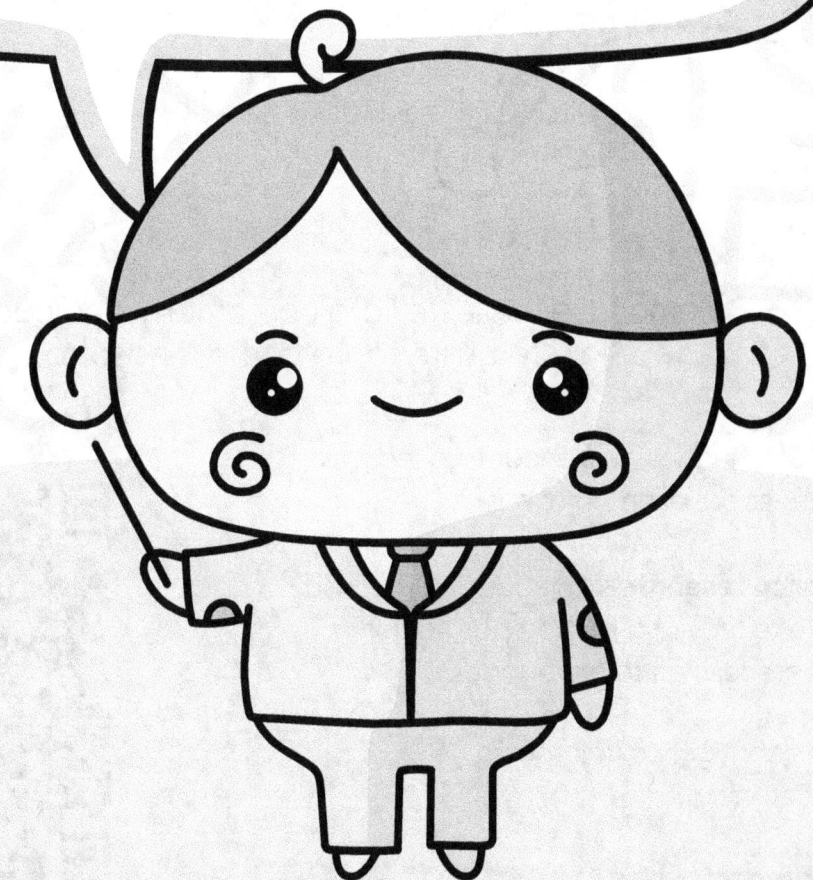

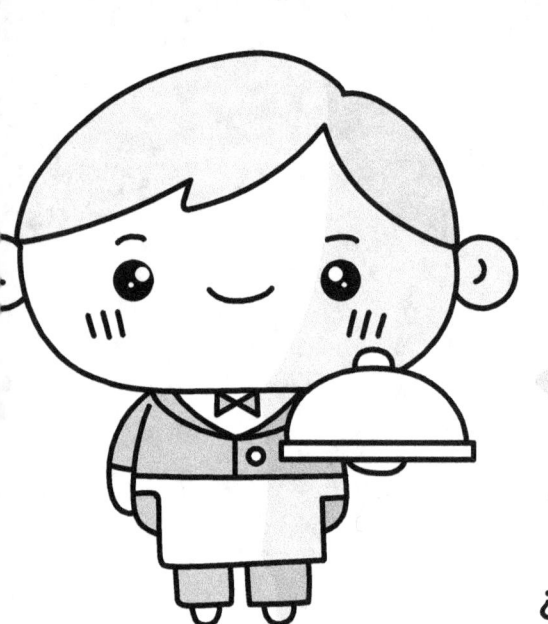

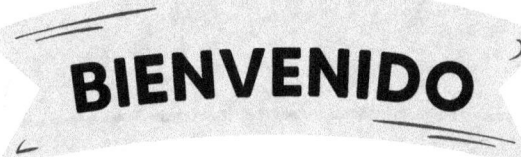

BIENVENIDO

¿Qué quieres ser ser de mayor?

Aprende a dibujar 101 ilustraciones de distintas profesiones.

Un libro sencillo y práctico para divertirse jugando a ser profesionales de distintos oficios, mientras **se aprende a dibujarlos paso a paso.**

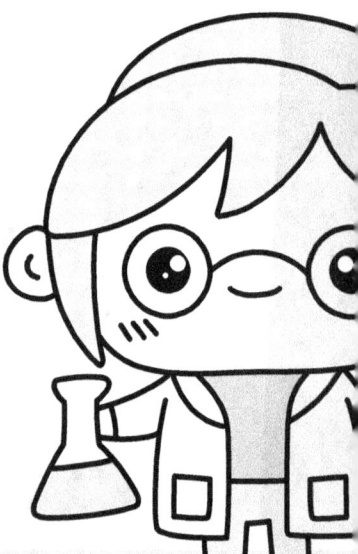

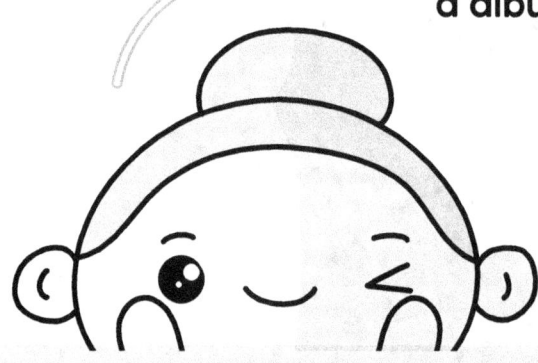

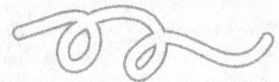Hemos creado este libro con amor y dedicación.
Ojalá te guste tanto como a nosotros.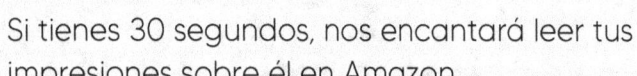

Si tienes 30 segundos, nos encantará leer tus impresiones sobre él en Amazon.

Para dejar tu reseña, escanea este QR con la cámara de tu móvil. La página para dejar la reseña aparecerá en tu navegador.

¡Contamos contigo! Tu valoración hace la diferencia.

¡Un gran abrazo!

DESCUBRE
EL INTERIOR

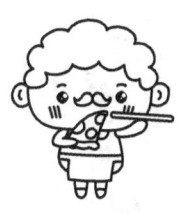 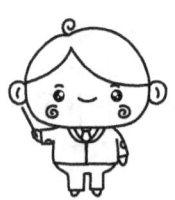 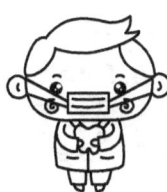 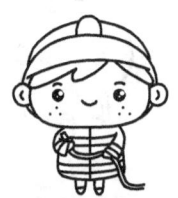 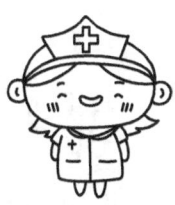 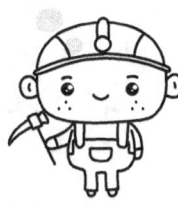 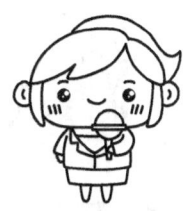

1. Pizzero
2. Maestro
3. Dentista
4. Bombero
5. Enfermera
6. Minero
7. Periodista

 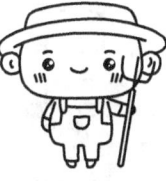 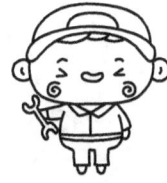 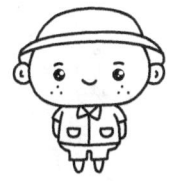 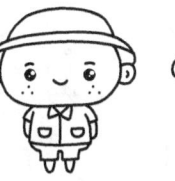 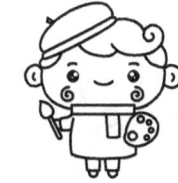 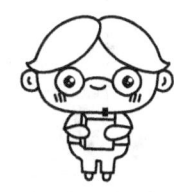

8. Carpintero
9. Granjero
10. Mecánico
11. Cuidador de zoológico
12. Camarero
13. Artista
14. Bibliotecario

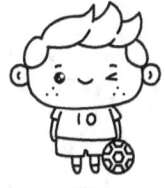 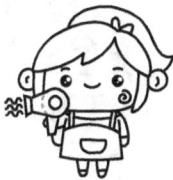 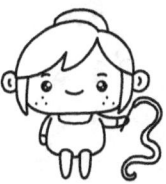 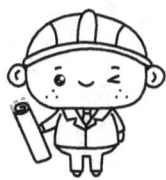 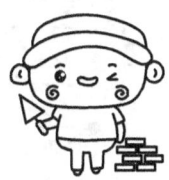 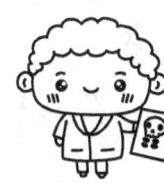 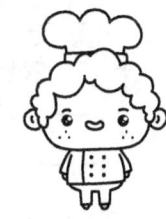

15. Futbolista
16. Estilista
17. Gimnasta
18. Ingeniero civil
19. Albañil
20. Radiólogo
21. Chef

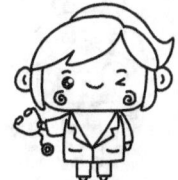 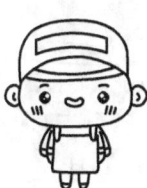 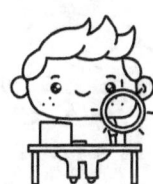 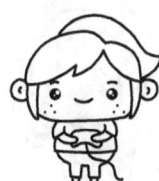 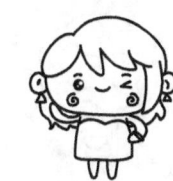 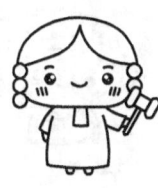 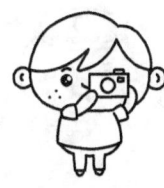

22. Doctora
23. Herrero
24. Streamer
25. Gamer Profesional
26. Modelo
27. Juez
28. Fotógrafo

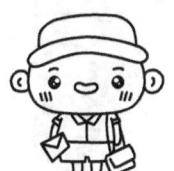 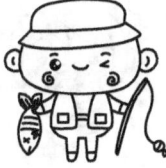 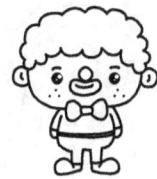 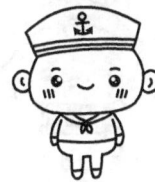 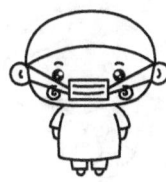 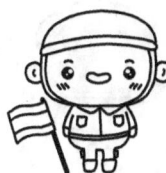 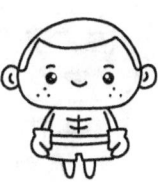

29. Cartero
30. Pescador
31. Payaso
32. Marinero
33. Cirujano
34. Soldado
35. Boxeador

Estas ilustraciones tan únicas han sido creadas a mano, especialmente para este libro.

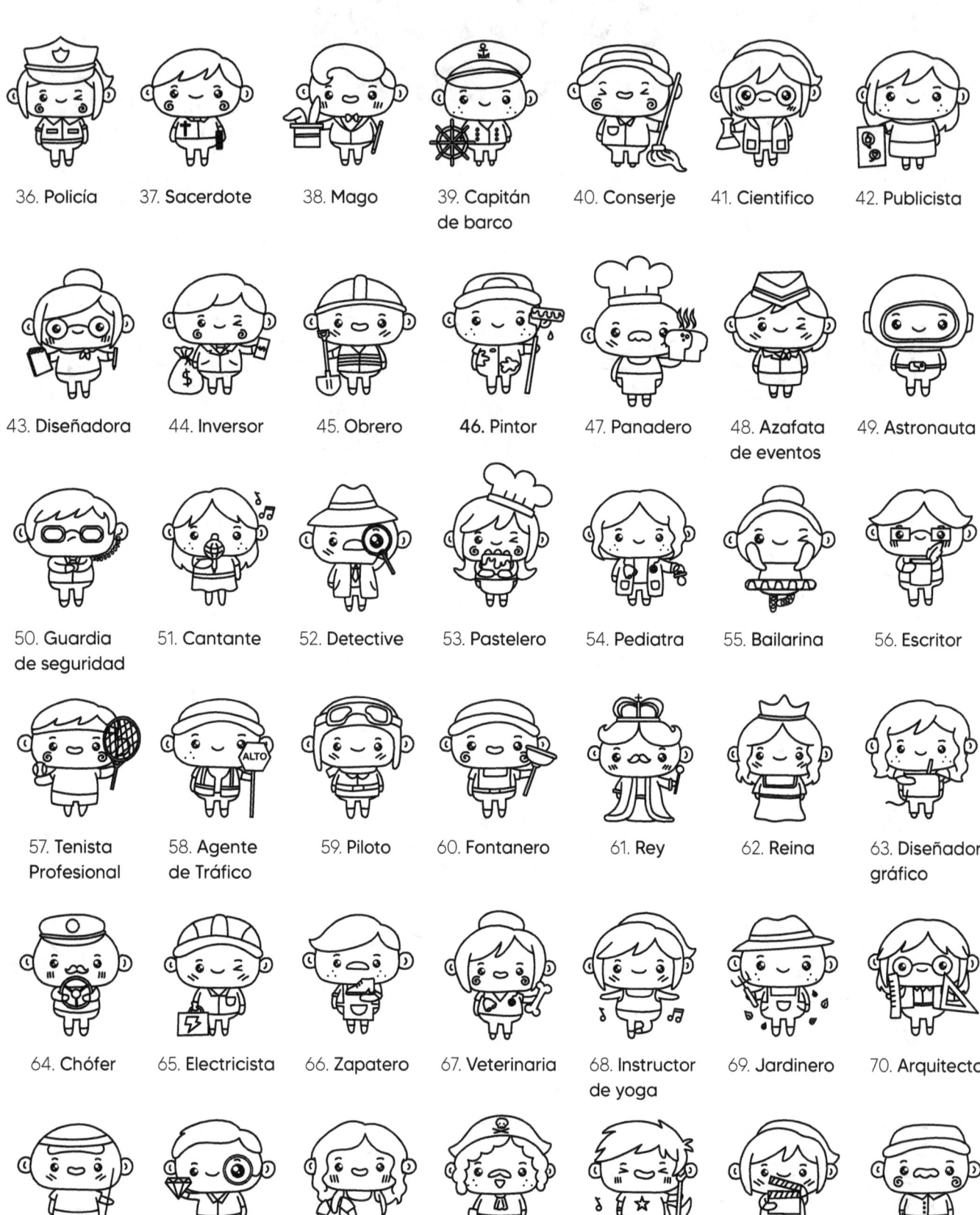

36. Policía

37. Sacerdote

38. Mago

39. Capitán de barco

40. Conserje

41. Cientifico

42. Publicista

43. Diseñadora

44. Inversor

45. Obrero

46. Pintor

47. Panadero

48. Azafata de eventos

49. Astronauta

50. Guardia de seguridad

51. Cantante

52. Detective

53. Pastelero

54. Pediatra

55. Bailarina

56. Escritor

57. Tenista Profesional

58. Agente de Tráfico

59. Piloto

60. Fontanero

61. Rey

62. Reina

63. Diseñador gráfico

64. Chófer

65. Electricista

66. Zapatero

67. Veterinaria

68. Instructor de yoga

69. Jardinero

70. Arquitecto

71. Golfista

72. Joyero

73. Socorrista

74. Pirata

75. Rockero

76. Cineasta

77. Lechero

Estas ilustraciones tan únicas han sido creadas a mano, especialmente para este libro.

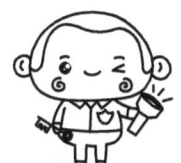
78. Vigilante

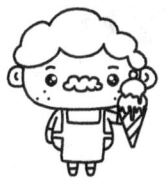
79. Heladero

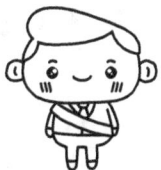
80. Presidente

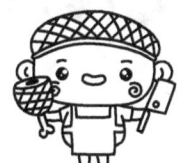
81. Carnicero

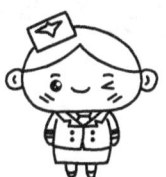
82. Azafata de vuelo

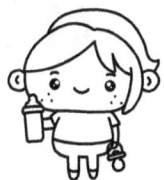
83. Niñera

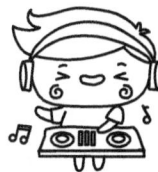
84. DJ

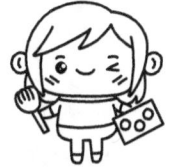
85. Maquilladora

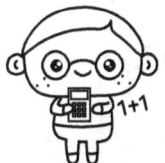
86. Contable

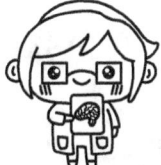
87. Psicóloga

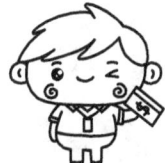
88. Cajero

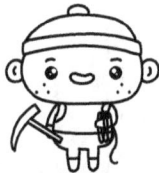
89. Alpinista

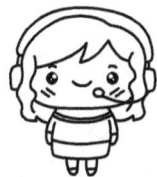
90. Telefonista

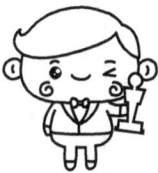
91. Actor

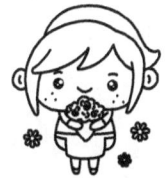
92. Florista

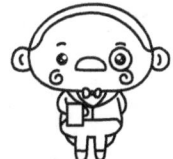
93. Mayordomo

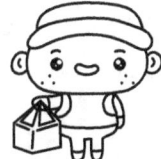
94. Repartidor

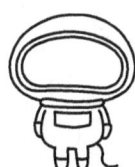
95. Buzo

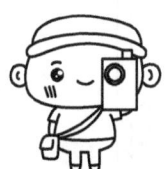
96. Cámara

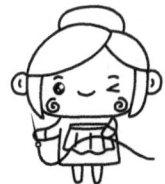
97. Costurera

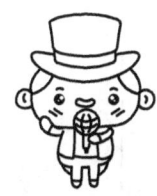
98. Animador de espectáculos

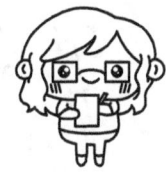
99. Organizadora de eventos

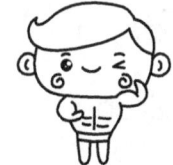
100. Fisicoculturista

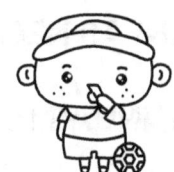
101. Entrenador

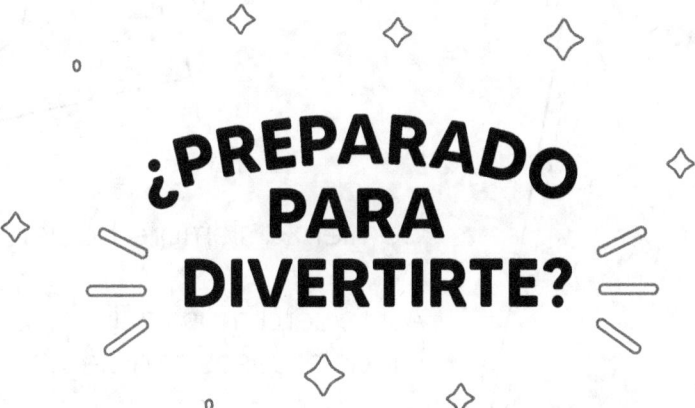

¿PREPARADO PARA DIVERTIRTE?

Estas ilustraciones tan únicas han sido creadas a mano, especialmente para este libro.

INSTRUCCIONES

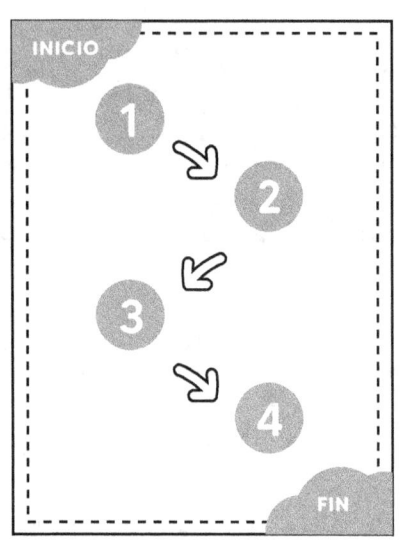

Cada dibujo tiene **4 PASOS.**

Sigue los números para completar **PASO A PASO** cada ilustración.

El método paso a paso te ayudará a ganar confianza antes de que aprendas a dibujar por tu cuenta.

Debes seguir las **LÍNEAS NEGRAS.**

Las líneas **DISCONTÍNUAS** te servirán como guía. Cuando termines de dibujar la ilustración, puedes borrarlas.

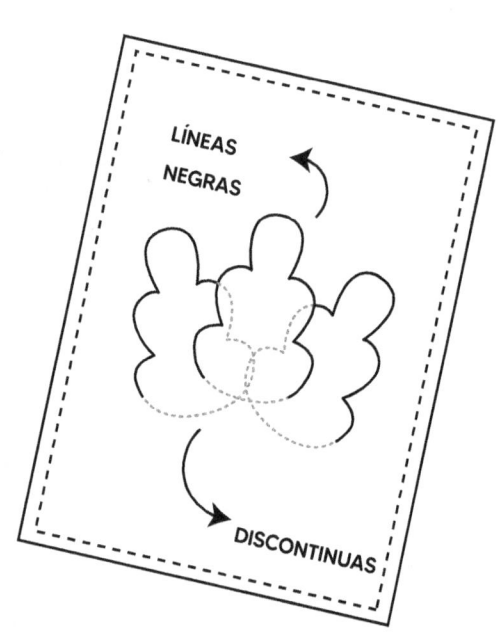

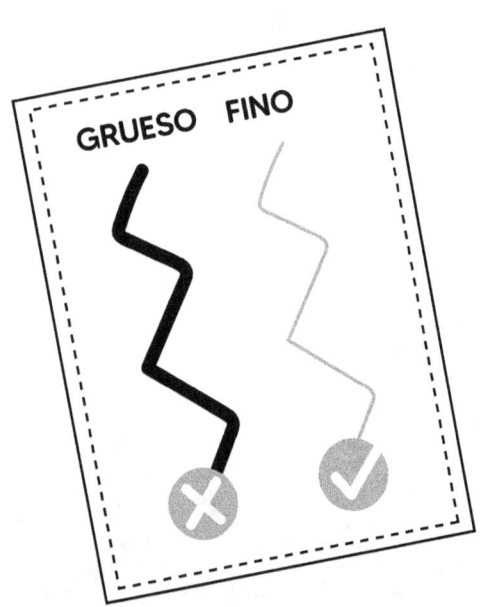

Comienza siempre haciendo **TRAZOS FINOS.**

Así te será más fácil corregir cualquier error. Las líneas gruesas son siempre más difíciles de borrar.

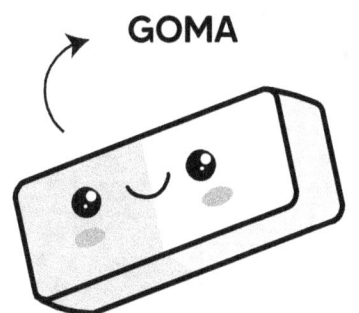

GOMA

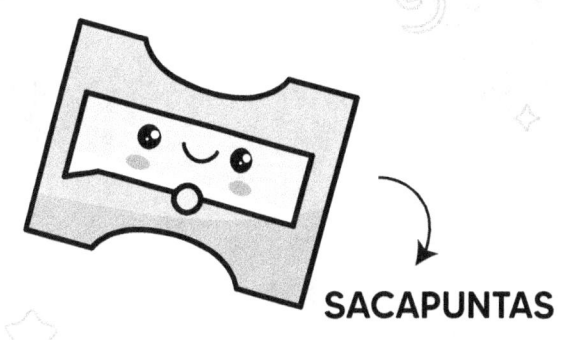

SACAPUNTAS

MATERIALES

PAPEL

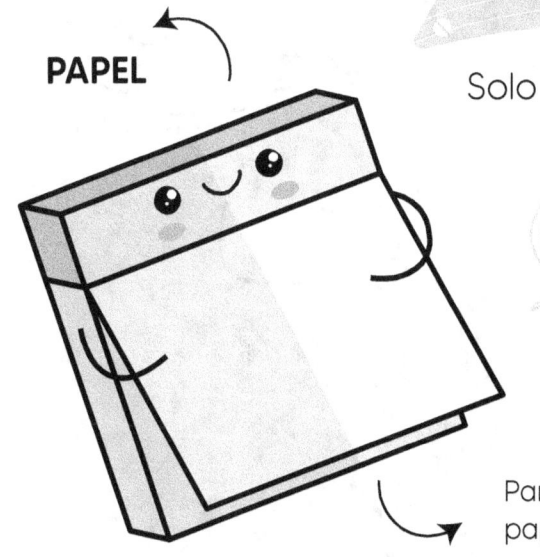

Solo necesitarás **4 COSAS**

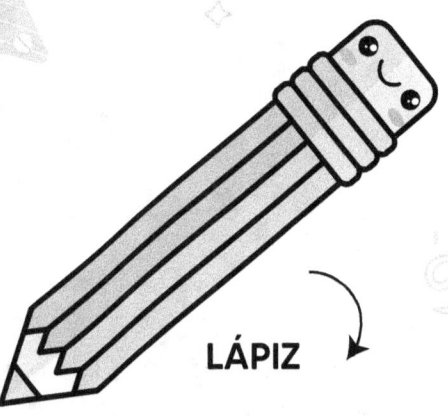

LÁPIZ

Para evitar confusiones y verte restringido, usa papel blanco sin líneas ni marcas.

¡Todos podemos dibujar!

Todos los dibujos comienzan por una **FORMA BÁSICA**

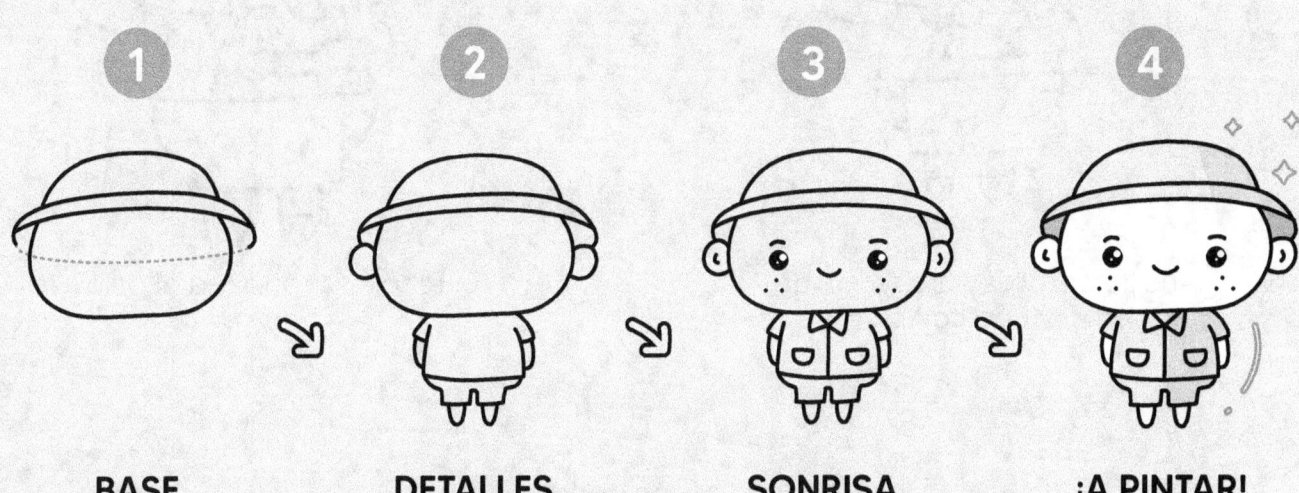

1 **BASE**

2 **DETALLES**

3 **SONRISA**

4 **¡A PINTAR!**

PIZZERO

Dibuja un bigote y una nube sobre la cabeza

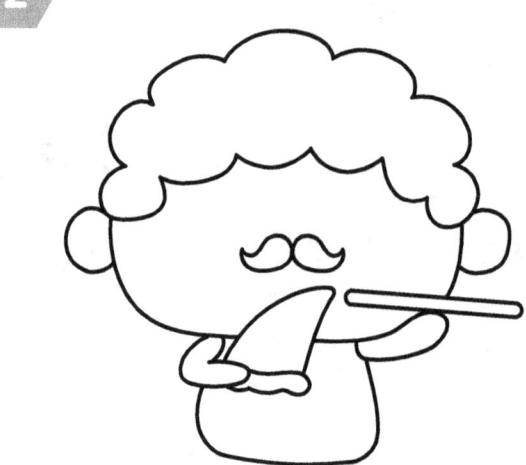

Añade el cuerpo, la bandeja y la pizza

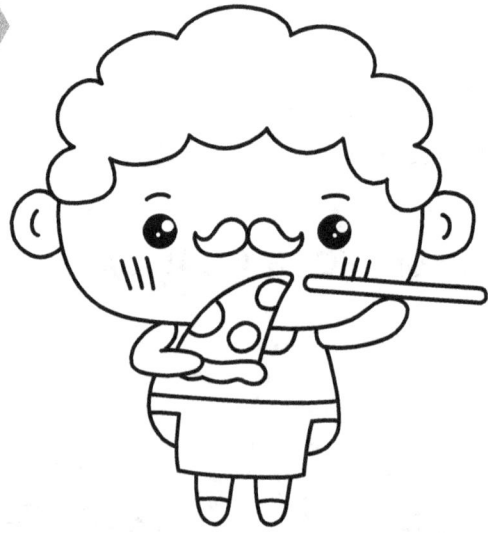

Añade detalles para terminar el cuerpo y una carita

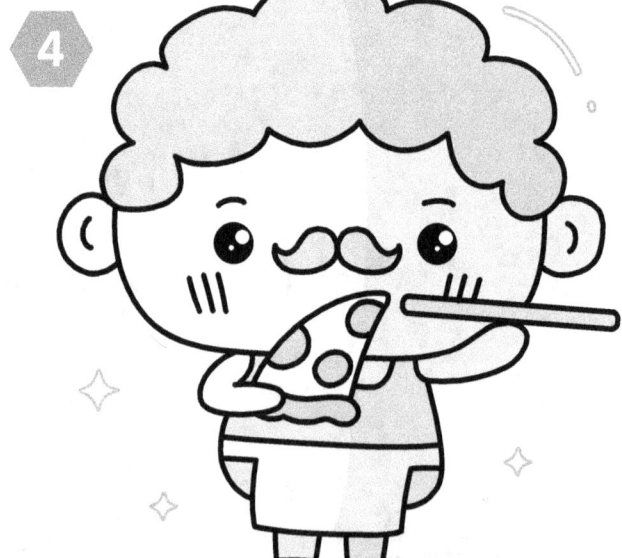

¿Qué tal marrón para el pelo?

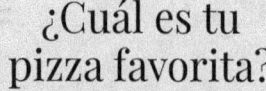

¿Cuál es tu pizza favorita?

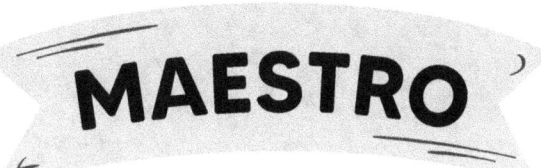

MAESTRO

 1

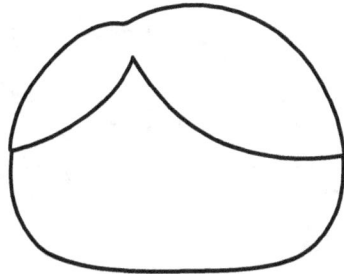

Comienza por un círculo con unas curvas abiertas

 4

Preparo a los niños para el futuro

 2

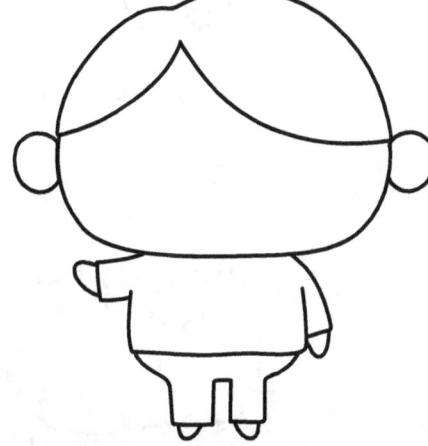

Ahora la silueta: camiseta y pantalón

 3

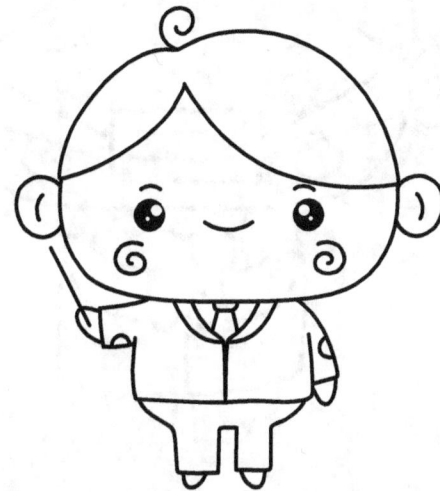

Dibuja espirales en los cachetes y el pelo

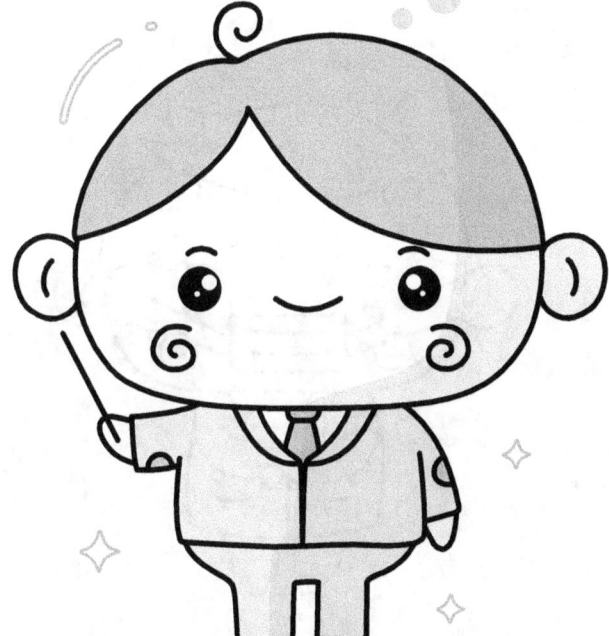

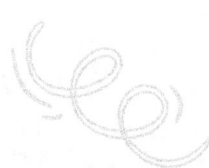

Fíjate mañana en la ropa que lleva tu maestro

DENTISTA

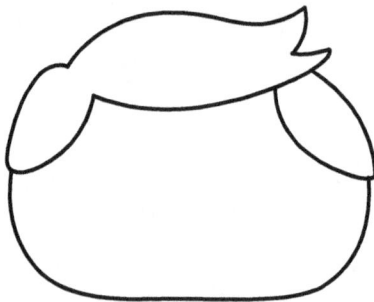

Dibuja la cabeza y el pelo como quieras

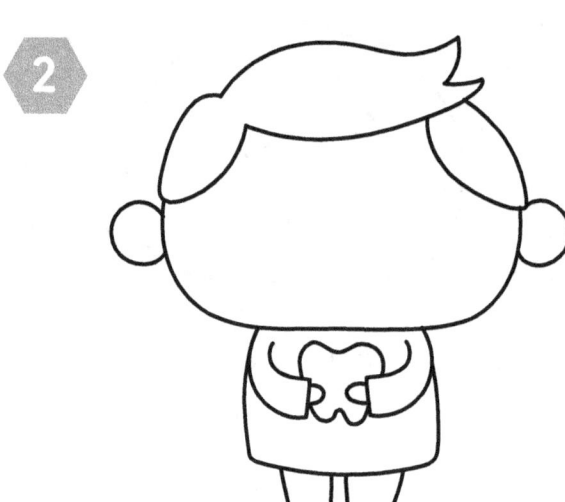

Ahora el cuerpo y un gran diente en medio

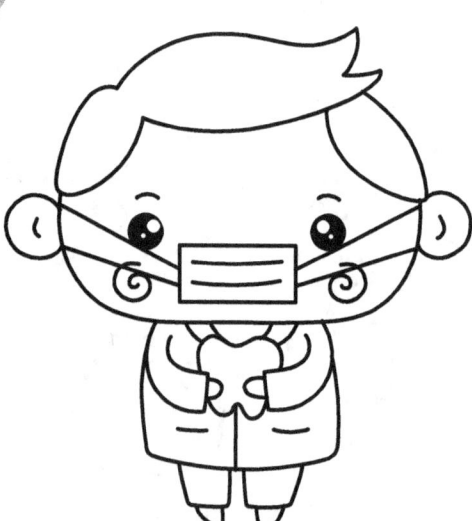

¡Los dentistas llevan mascarilla!

Cuido tu boca
y tus dientes

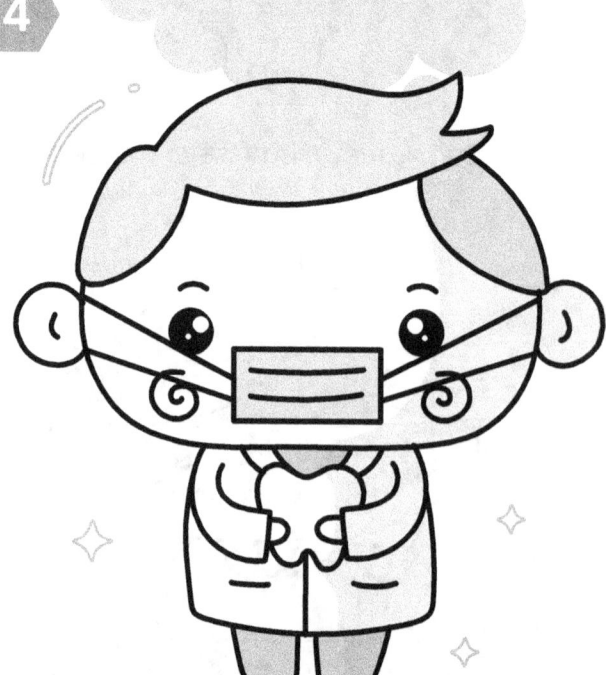

El blanco con verde esmeralda es
buena opción

BOMBERO

1

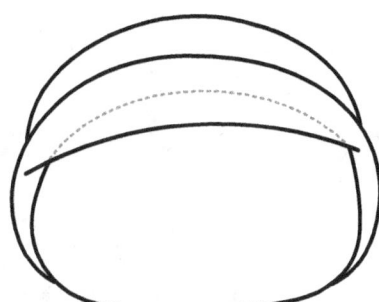

Comienza por una base redondeada
con casco

2

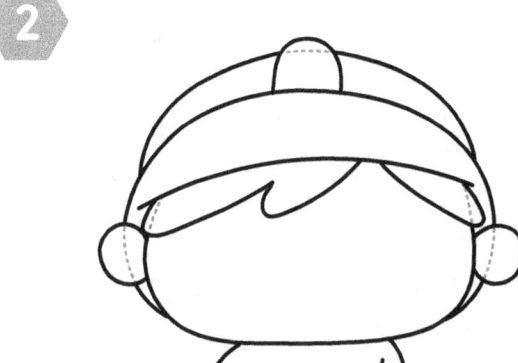

Agrega el traje ¡Y no olvides la manguera!

3

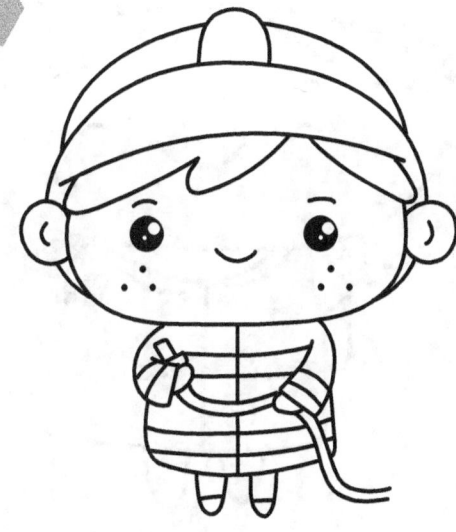

Líneas horizontales para la ropa
y una bonita cara kawaii

4

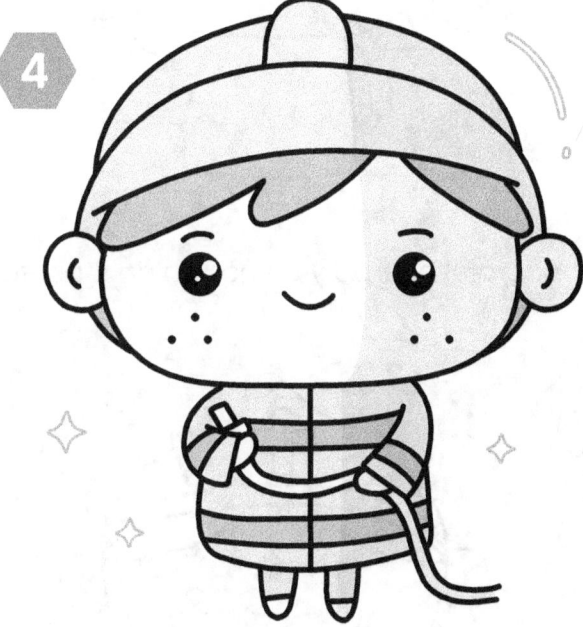

Pinta el uniforme de rojo y amarillo

Apagamos fuegos
con eficacia

ENFERMERA

1

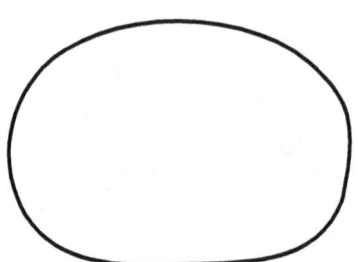

Dibuja un círculo aplastado

2

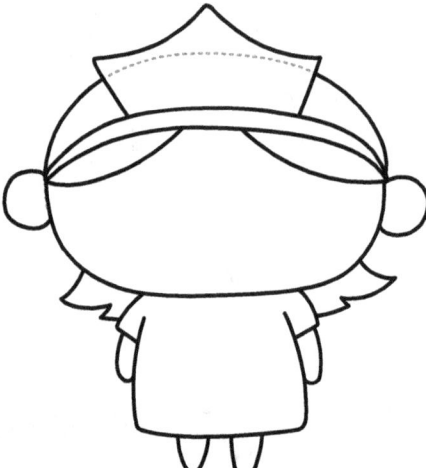

Ahora el cuerpo y un gorrito de 3 puntas

3

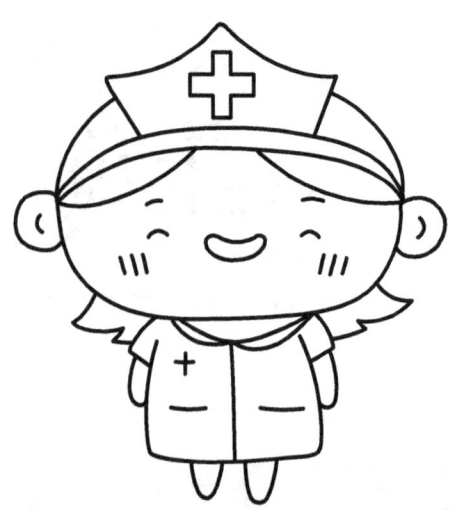

Hazla amistosa y agradable

4

Cuido de mis pacientes

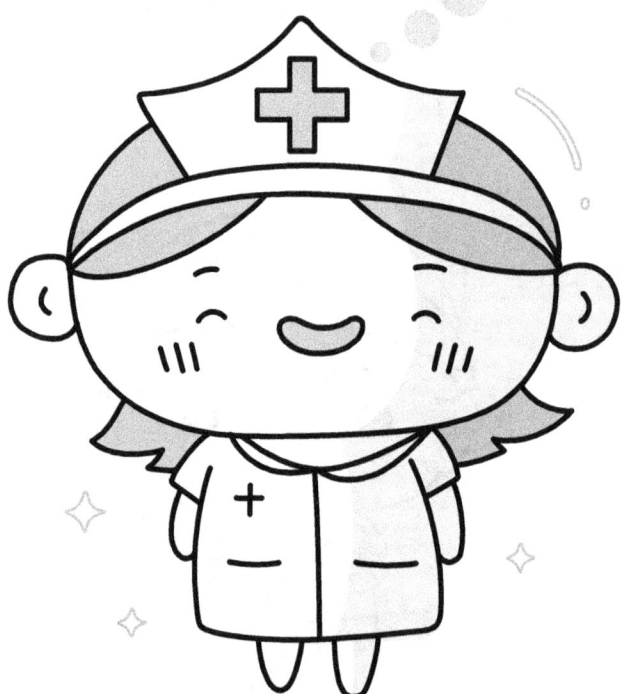

¡A pintar! Recuerda que la bata es blanca y la cruz roja

MINERO

1

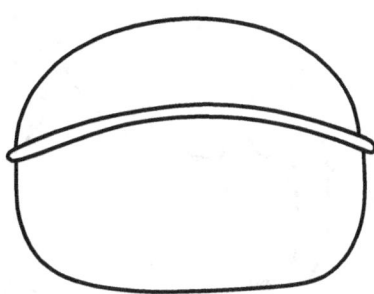

Comienza por un óvalo alargado
con un arco en medio

2

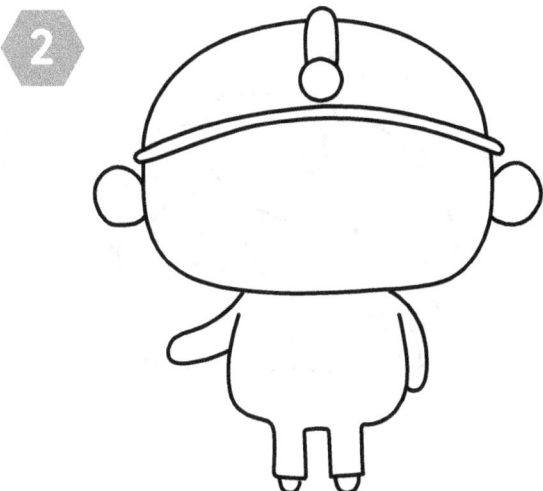

Después va el resto del cuerpo

3

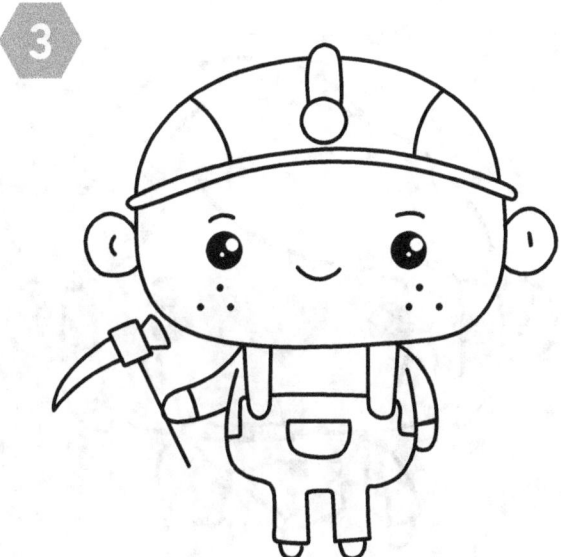

Inlcuye detalles como el pico
y unas pecas adorables

4

Trabajo
en lugares
muy oscuros

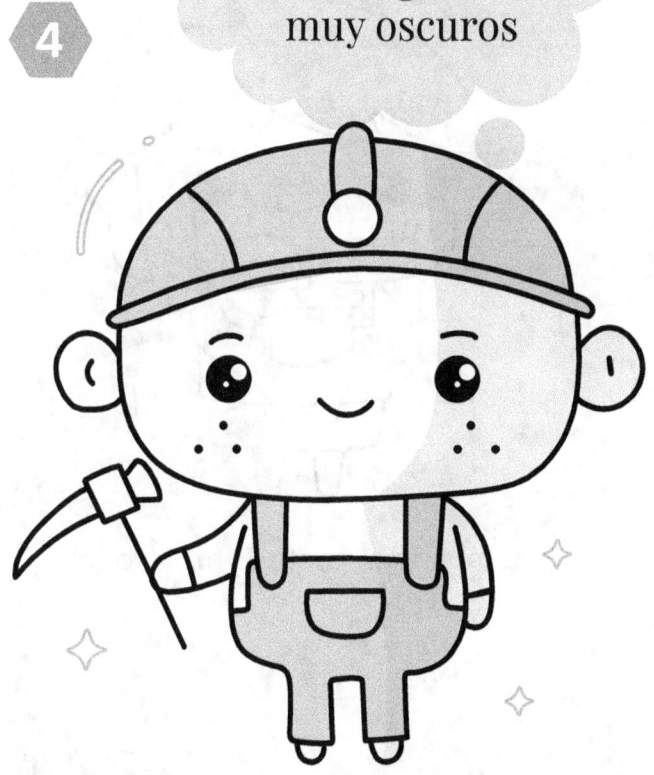

¡A pintar! El casco suele ser amarillo

PERIODISTA

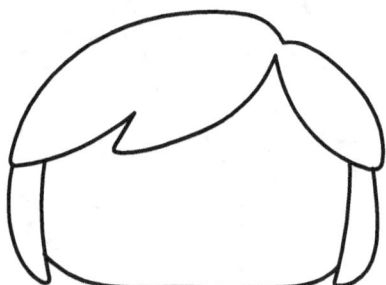

Dibuja un flequillo cubriendo la cabeza

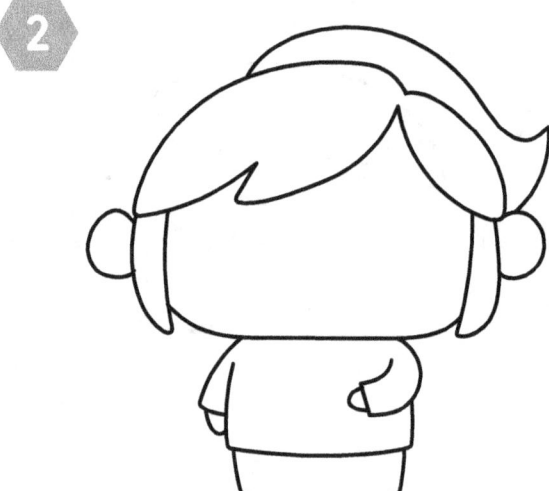

Agrega el cuerpo con una mano hacia dentro

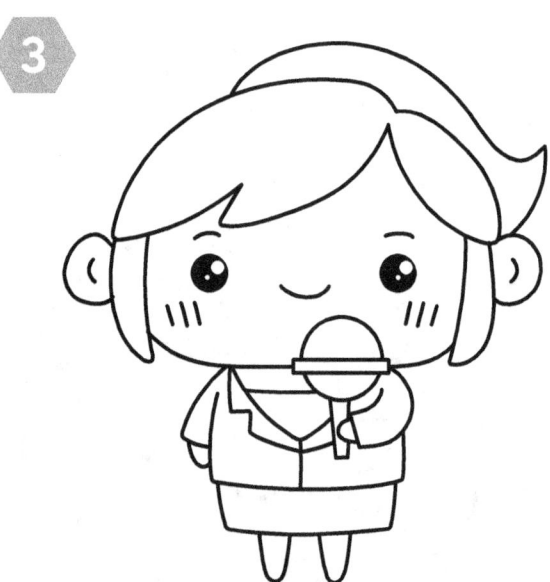

Lo más importante ¡El micrófono!

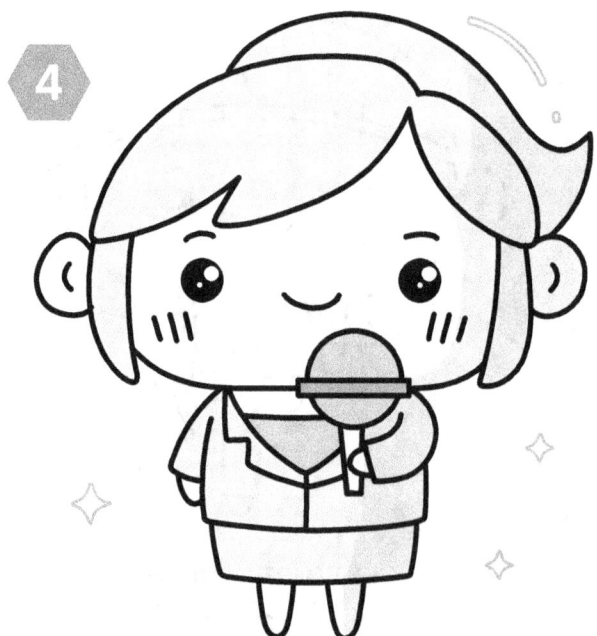

¡A pintar del color que quieras!

Te informo
de las noticias

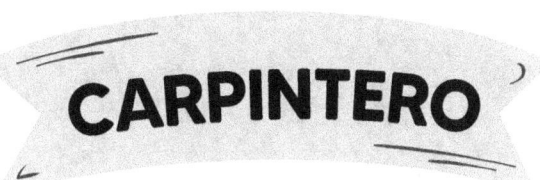

CARPINTERO

1

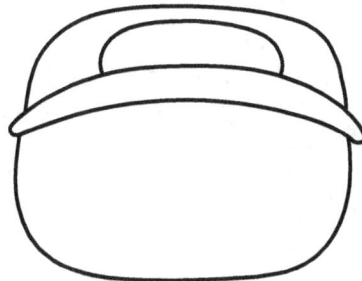

Comienza por arriba: la cabeza y la gorra

2

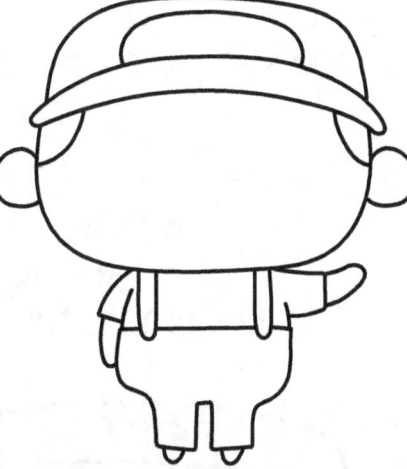

Dibuja el cuerpo con una mano levantada

3

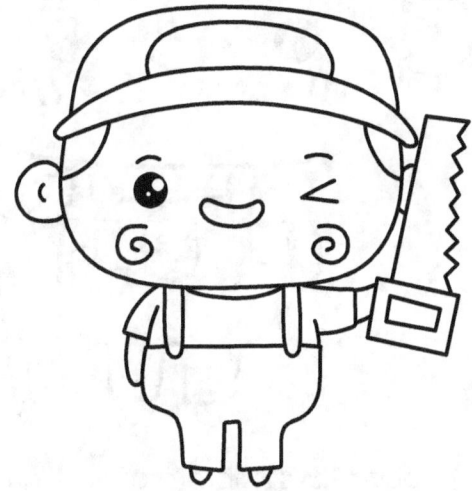

Lo más importante ¡El serrucho!

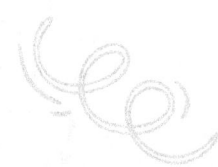

Creo muebles de madera preciosos

Si quieres que sea un peto vaquero ¡Hazlo azul!

GRANJERO

1

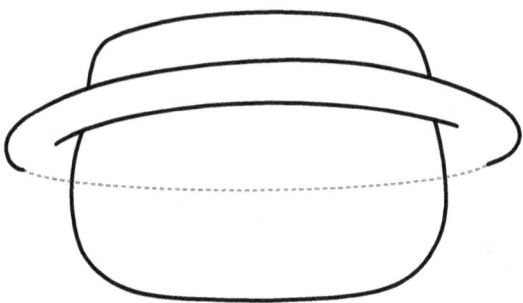

Comienza por un sombrero con una "U" debajo

2

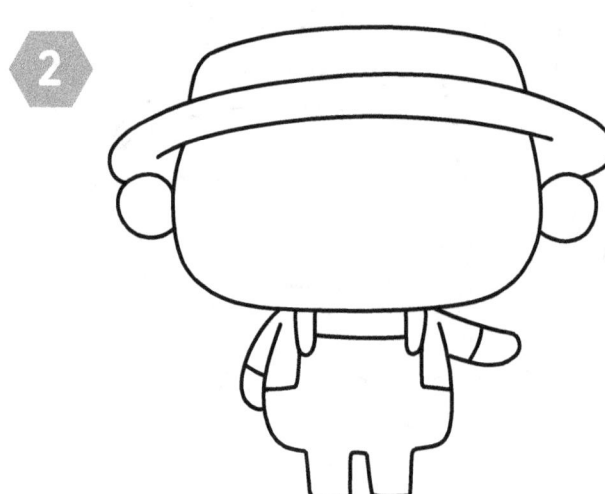

Dibuja un cuerpo con peto

3

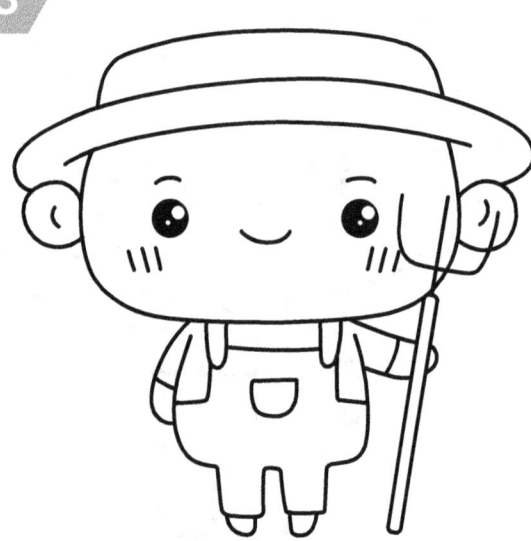

Ahora un gran rastrillo y unos ojos brillosos

4

Siembro y cosecho alimentos

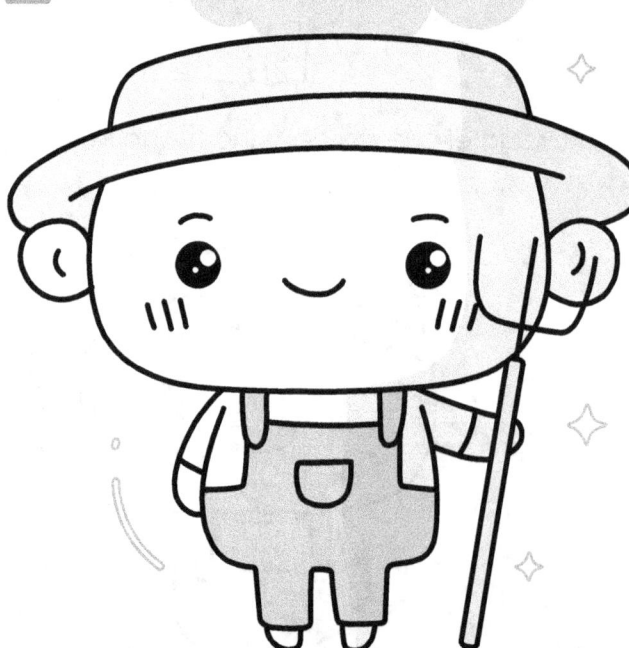

¡A pintar! El sombrero quedaría muy bien de un tono amarillo

MECÁNICO

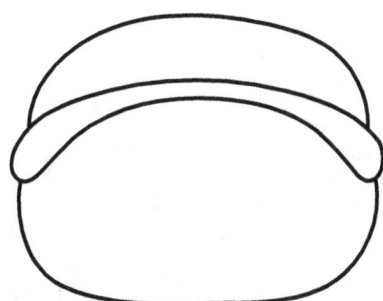

Dibuja una cabeza redonda con gorra

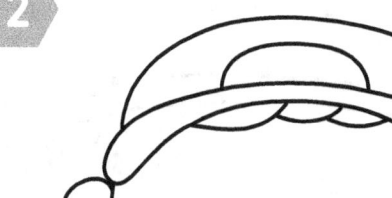

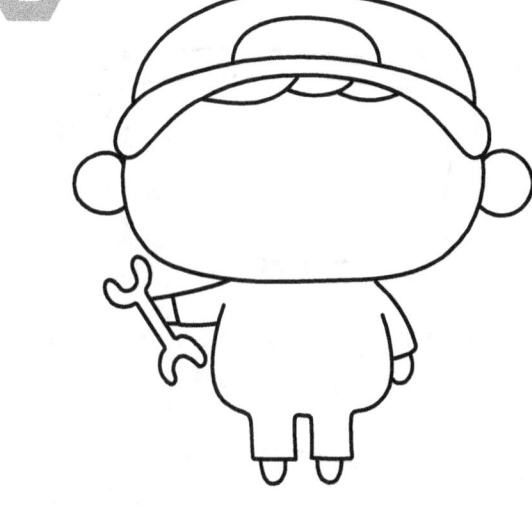

Ahora el cuerpo y no olvides una llave

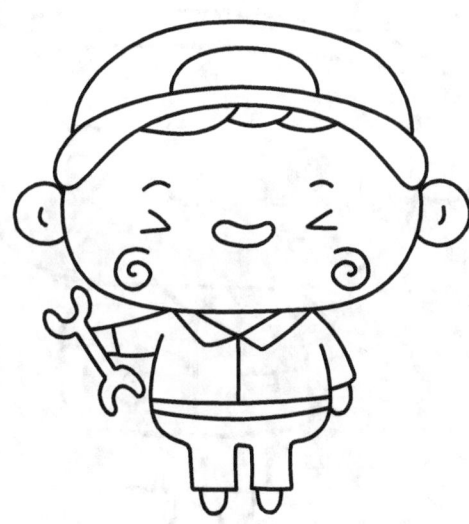

La carita y unos coloretes en forma de espiral

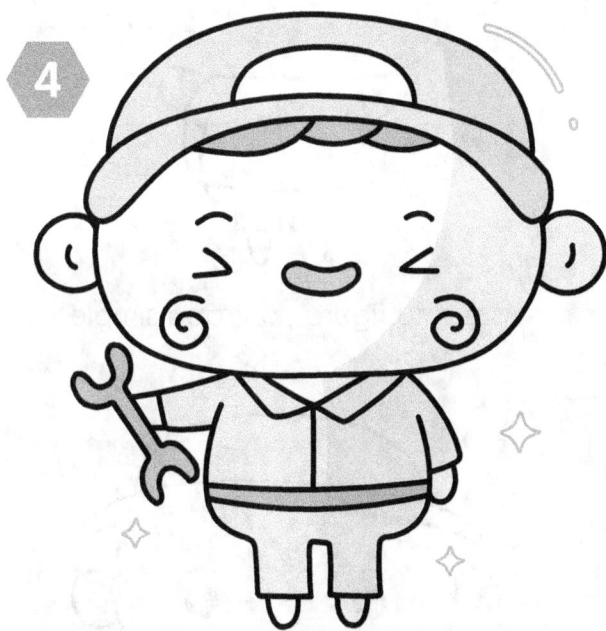

¡A pintar! Elige colores oscuros para la ropa

Soy el médico
de los coches

CUIDADOR
DE ZOOLÓGICO

1

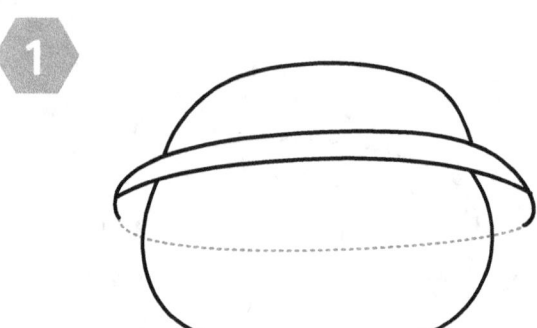

Comienza por la cabeza y el sombrero

2

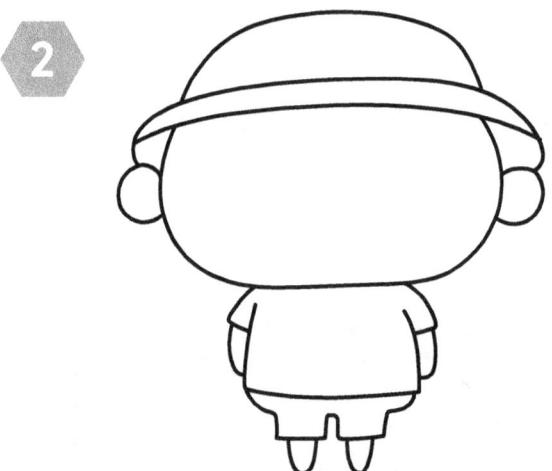

Viste a tu figura con ropa simple

3

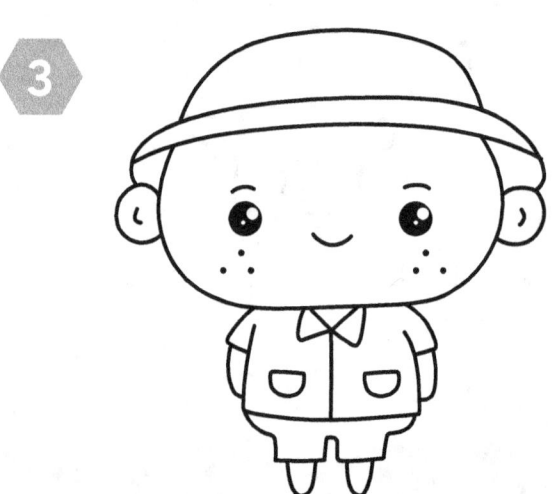

Termina con detalles para la ropa

4

Alimento a los animales del zoo

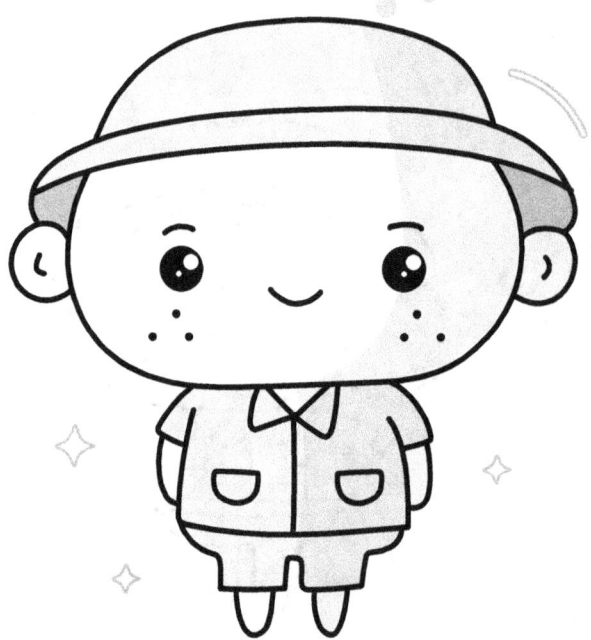

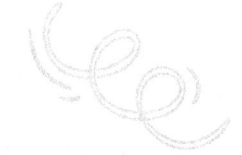

Escoge amarillos y tonos café para la ropa

CAMARERO

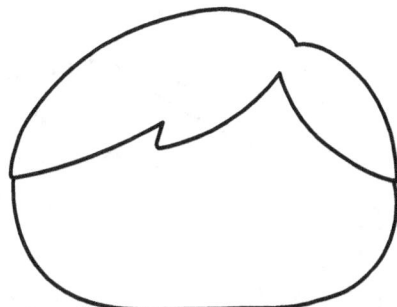

Dibuja una base redondeada y la forma del cabello

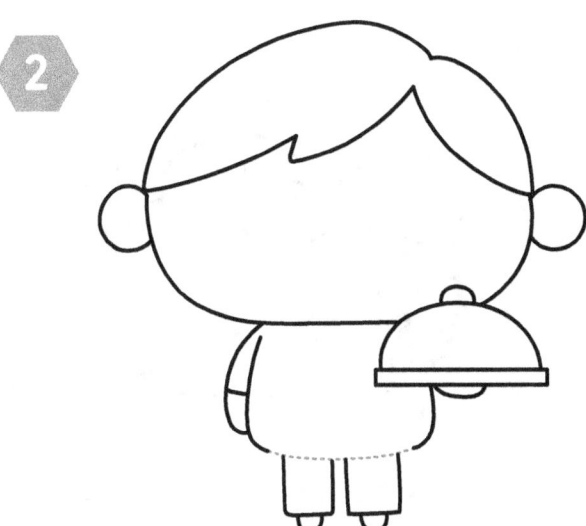

Agrega el cuerpo y una bandeja con tapa

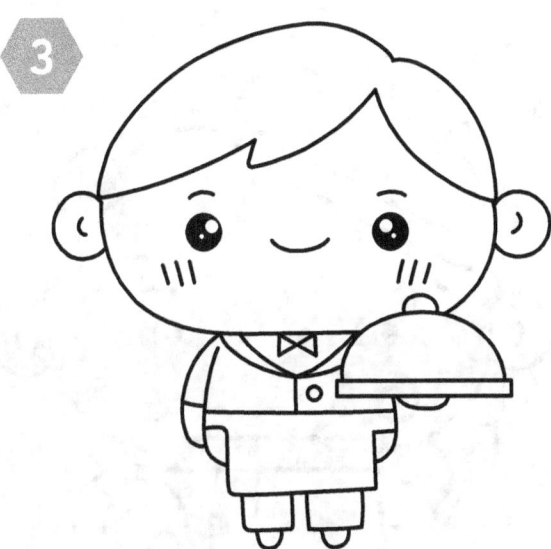

¡Es hora de los detalles! El delantal, la pajarita, los botones ...

¿Qué desea tomar?

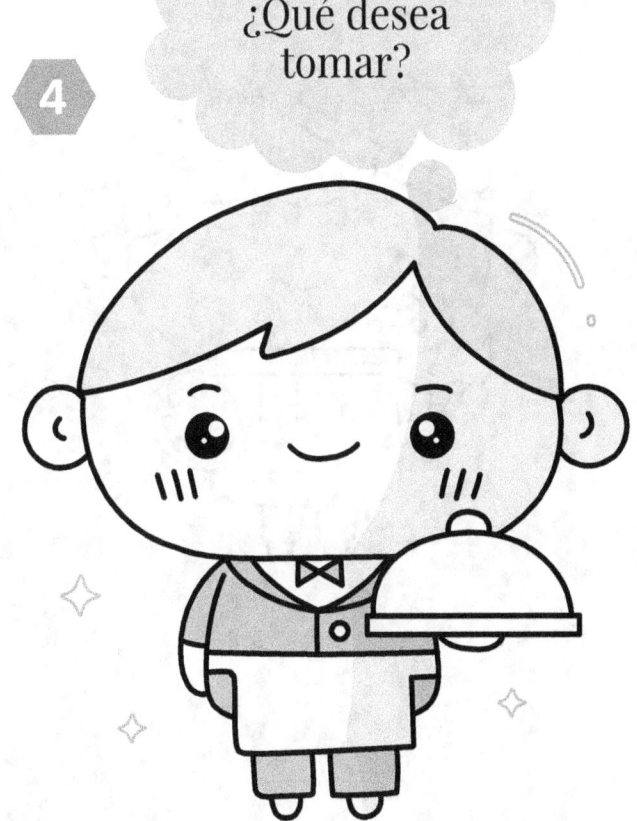

¡A pintar! Los camareros van de blanco y negro

ARTISTA

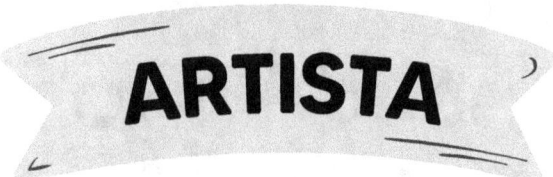

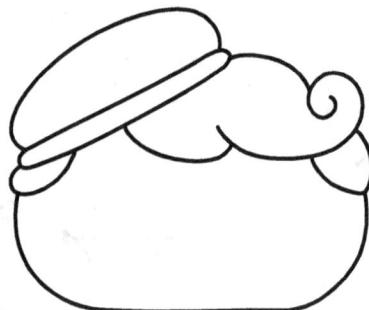

Sobre una cabeza dibuja un flequillo en espiral y una boina

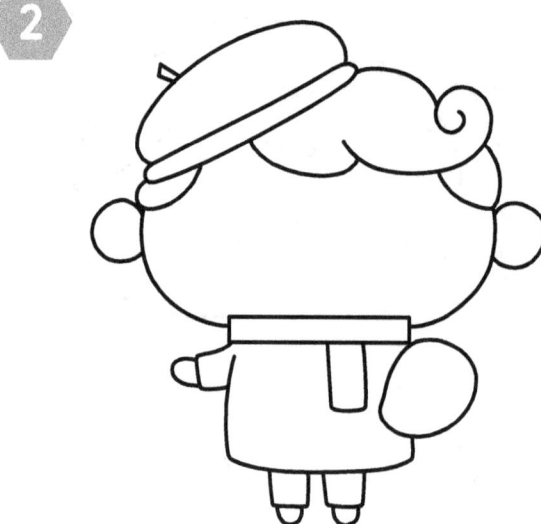

Añade el cuerpo, la bufanda y lo que será la paleta de colores

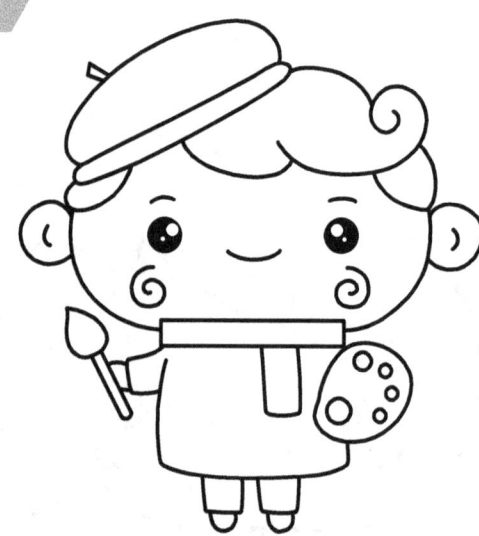

Falta el pincel y los colores en la paleta

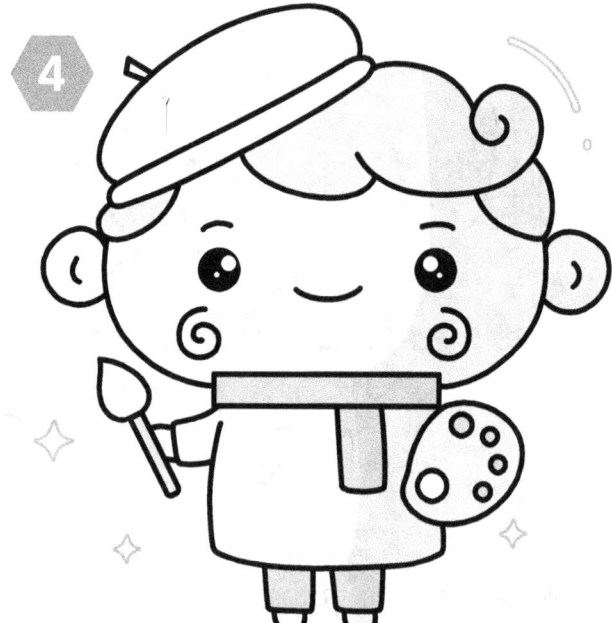

¡A pintar! Hazlo colorido

Mis pinturas
expresan lo que siento

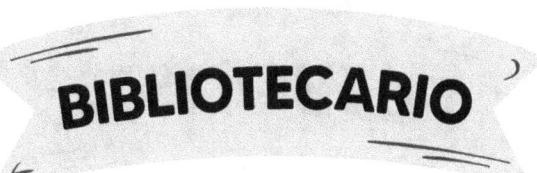

BIBLIOTECARIO

14

1

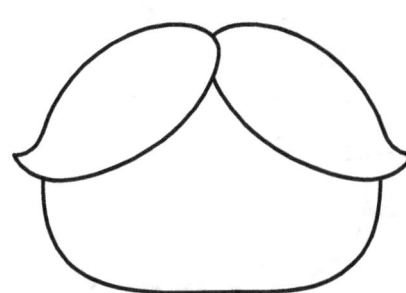

Dibuja un "bigote" sobre una base circular

2

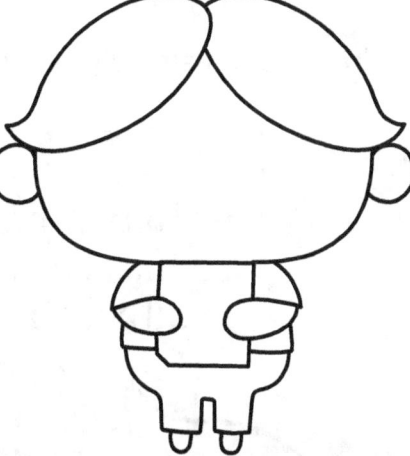

Añade un cuerpo sosteniendo un libro

3

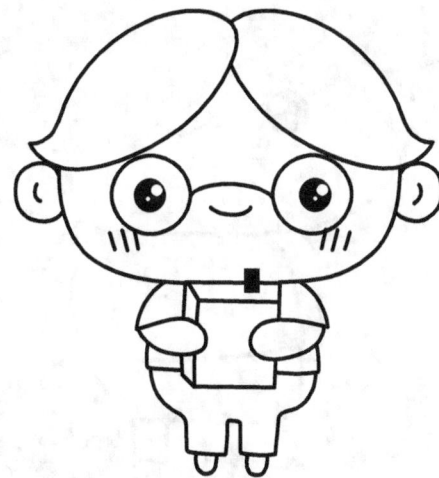

Dibuja unas grandes gafas redondas
y los detalles del libro

4

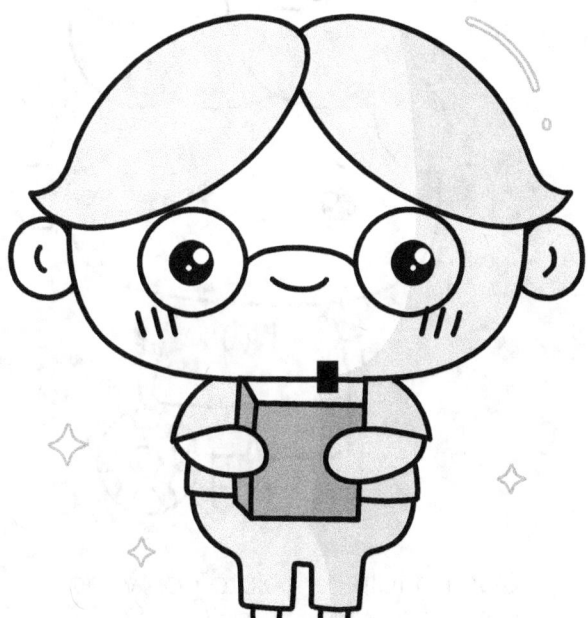

Los libros son
mi pasión

¡A pintar! Escoge colores discretos
como un marrón o beige

FUTBOLISTA

1

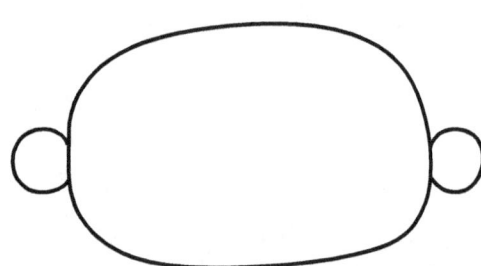

Empieza por un círculo aplastado con orejas

2

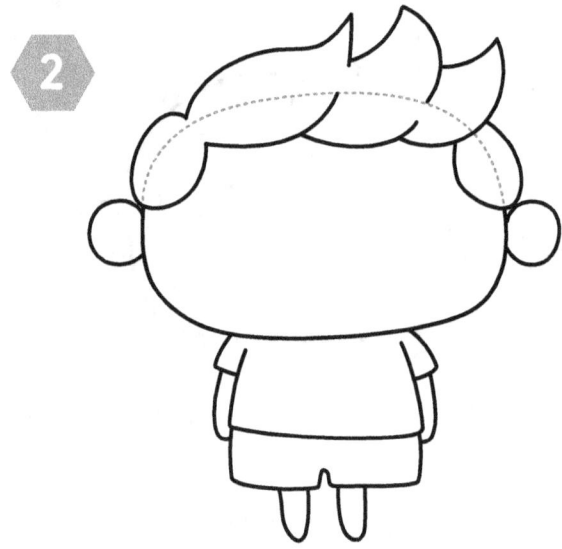

Un pelo de superestrella y el cuerpo

3

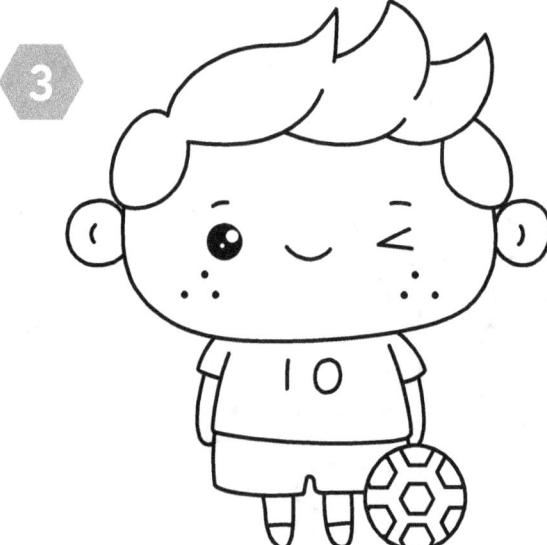

Que no falte la pelota con varios hexágonos y el dorsal

4

¿Tú también sueñas con ser futbolista?

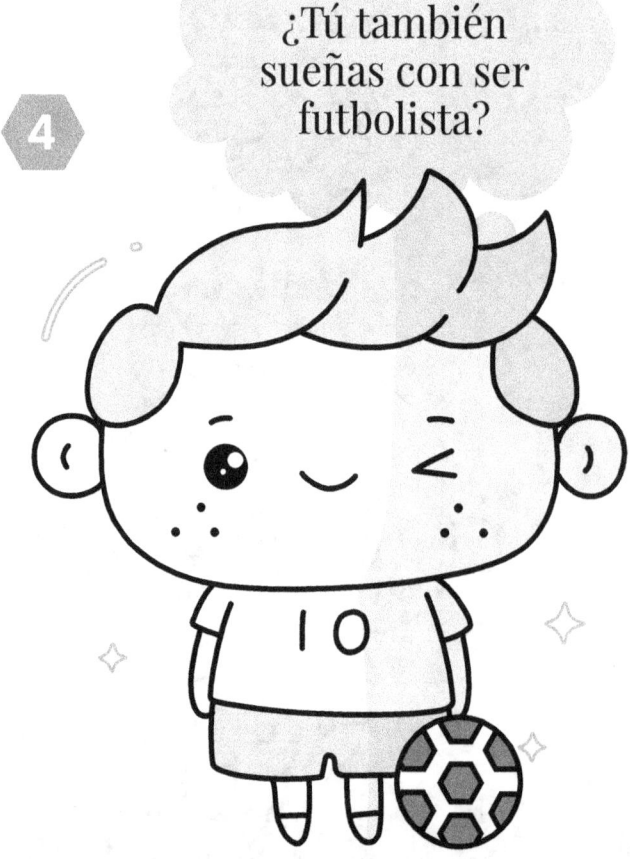

¡A pintar! Usa los colores de tu equipo de fútbol favorito

ESTILISTA

1

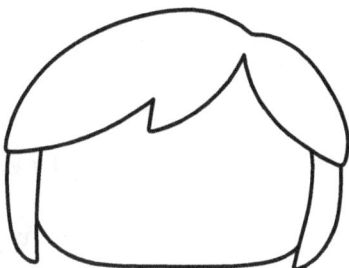

Comienza por una cabeza con flequillo

2

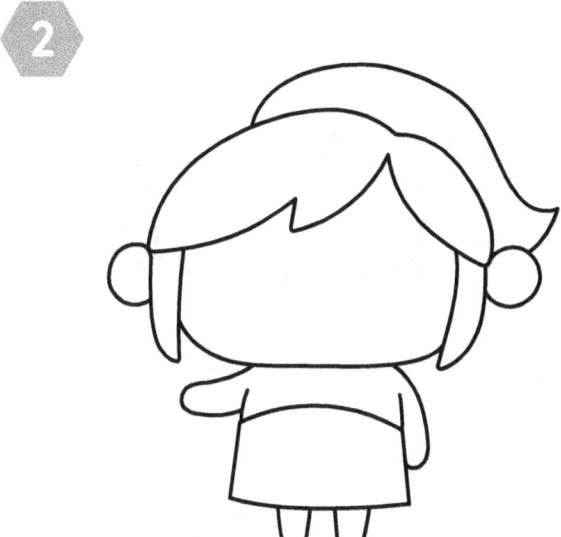

Dibuja un cuerpo con vestido ¡Y una coleta!

3

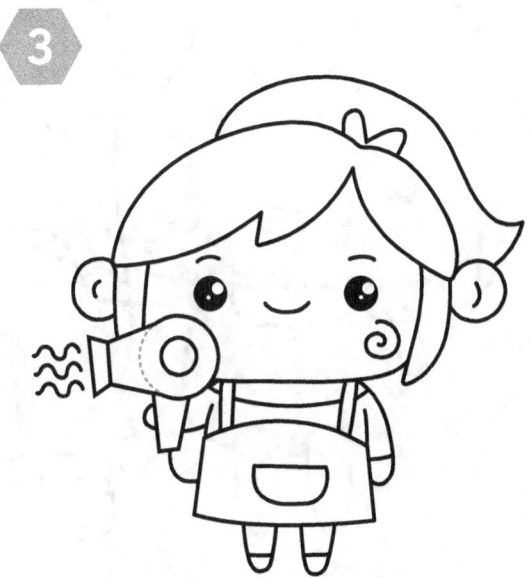

¡Muchos detalles! Un secador con cable, el delantal, el lacito ...

4

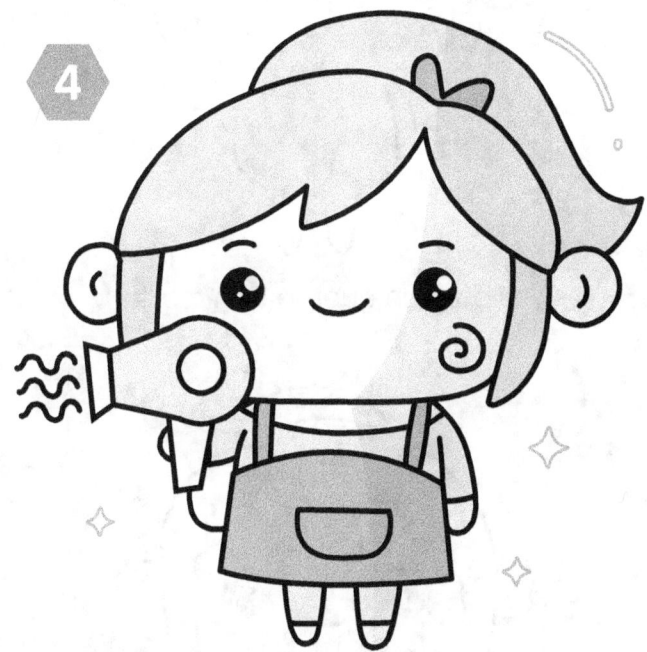

Las peluqueras suelen tener el delantal negro

¿Cortar, teñir
y peinar?

GIMNASTA

 1

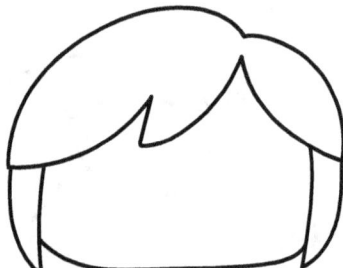

Empieza como antes: cabeza y flequillo

2

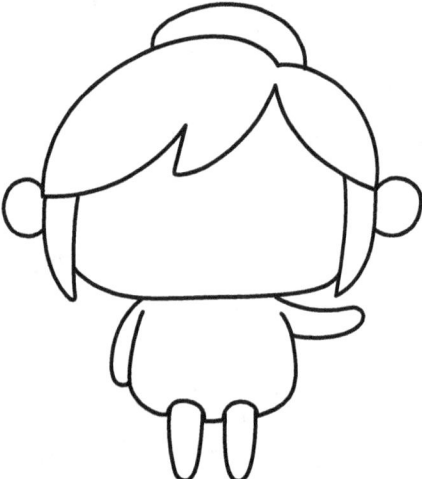

Dibuja un cuerpo con maillot

3

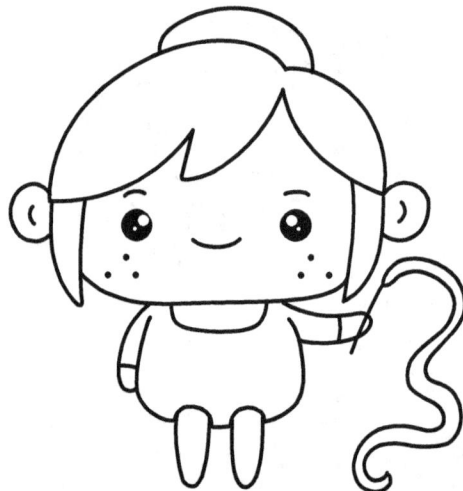

Ahora una cinta serpenteante

4

Soy flexible y muy fuerte

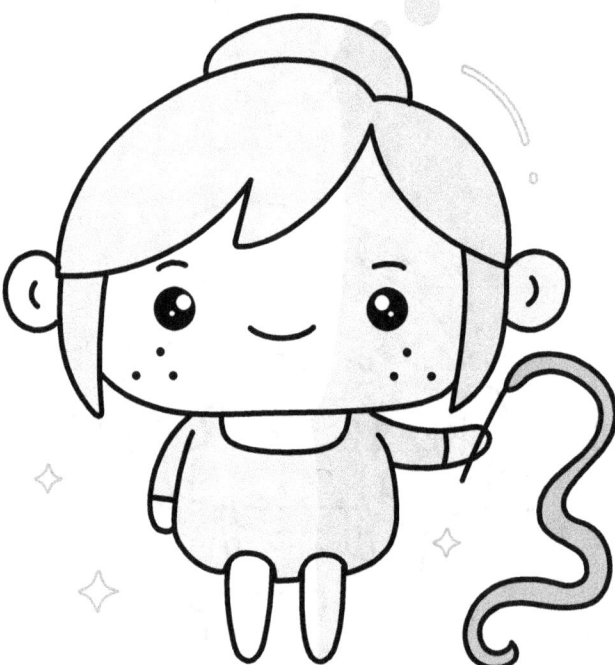

¡A pintar! Elige un color brillante para la ropa

INGENIERO
CIVIL

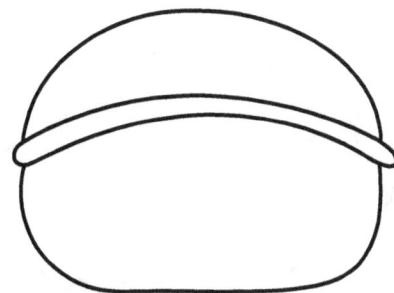

Dibuja una base redonda con casco

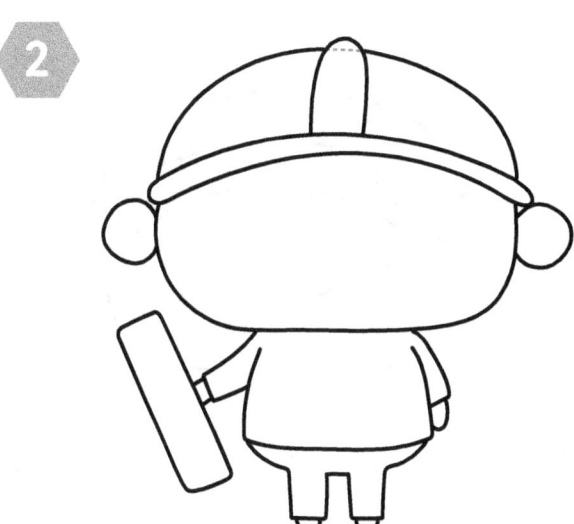

El rectángulo de su mano será un plano

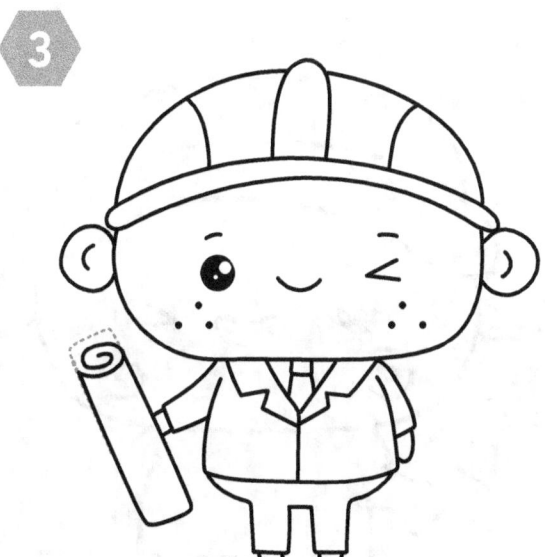

Añade una espiral al plano para que parezca un papel enrollado

Diseño puentes y carreteras

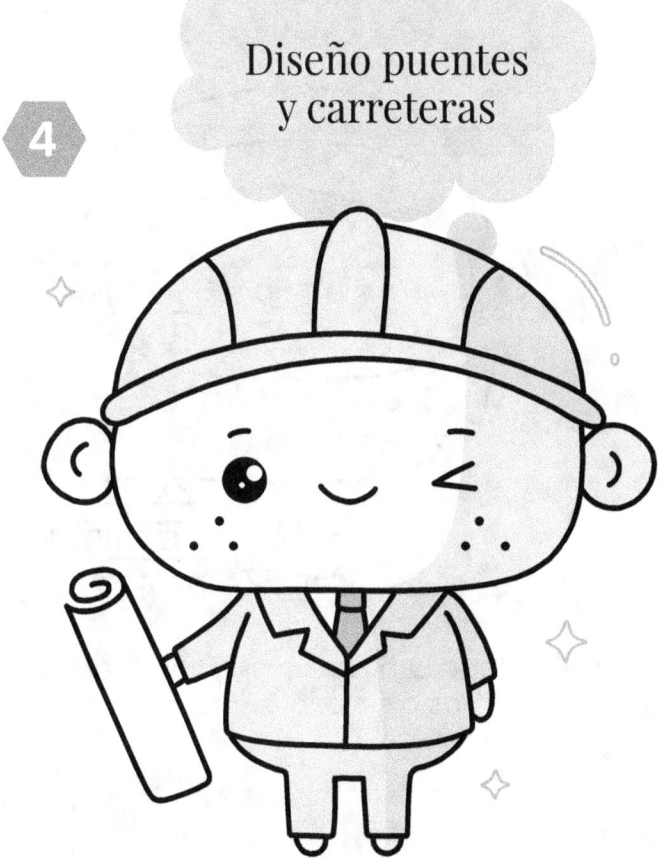

Los cascos de obra son amarillos

ALBAÑIL

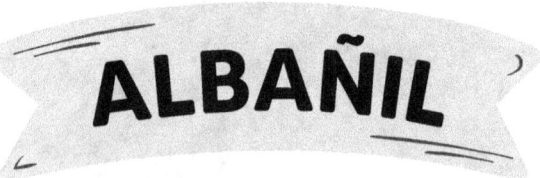

1

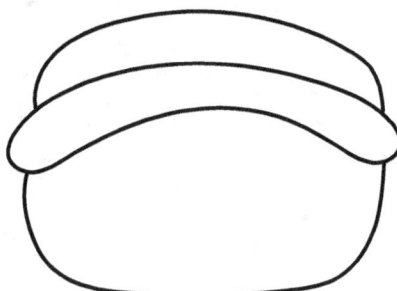

Ya comenzamos así antes: una cabeza con gorra

2

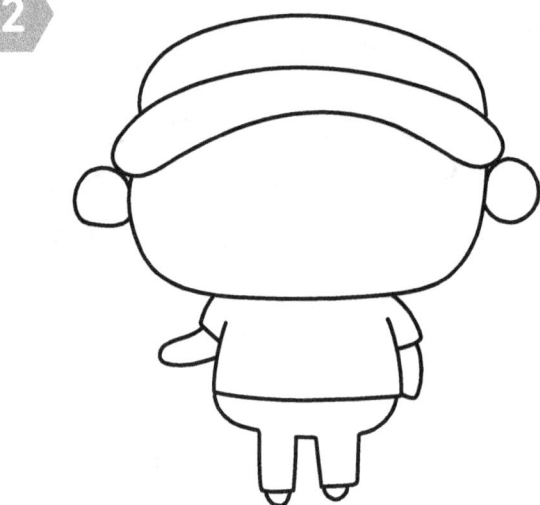

Vístele con ropa normal

3

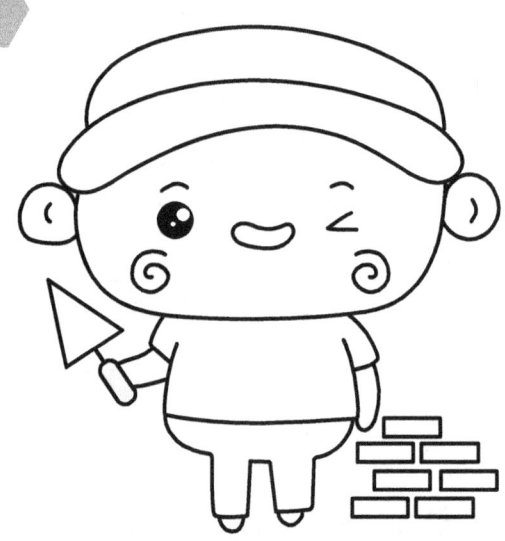

Añade una pala triangular y varios ladrillos a su lado

4

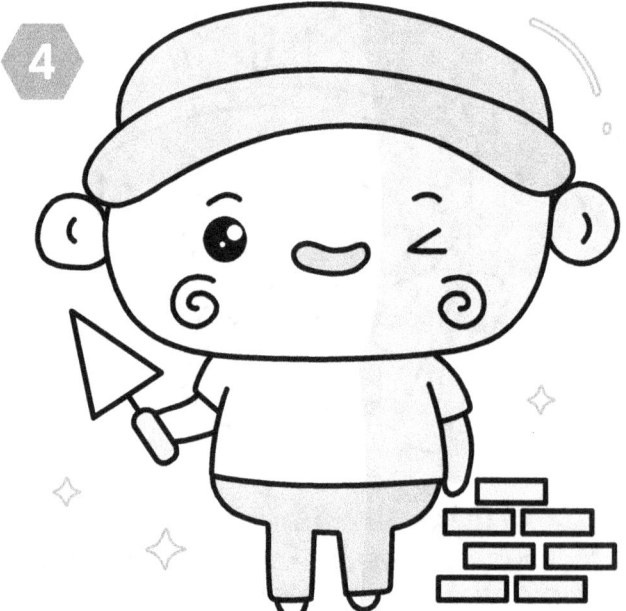

¡A pintar! Los ladrillos son rojos

Te construiré la casa de tus sueños

RADIÓLOGO

Dibuja una nube sobre un rectángulo redondeado

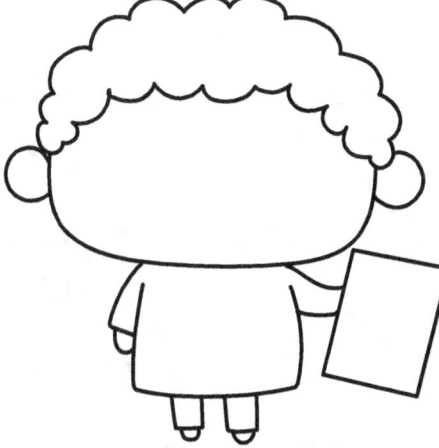

Al hacer el cuerpo dibuja un rectángulo en la mano, será la radiografía

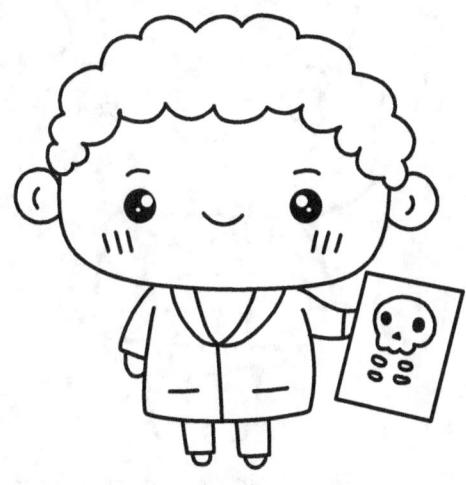

¡Faltan los huesos!

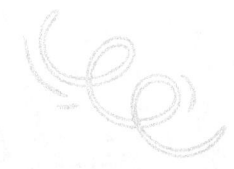

Puedo ver tus huesos y órganos

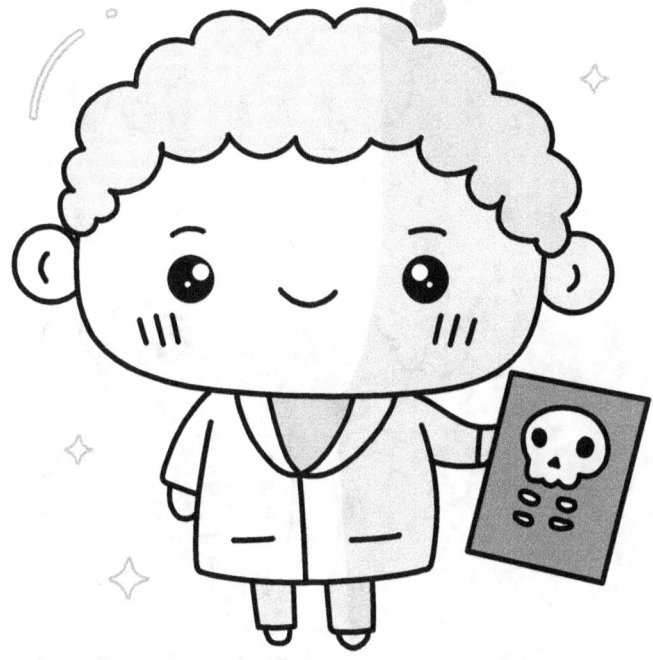

¡A pintar! Elige un color oscuro para la radiografía

CHEF

1

Dibuja una nube sobre una cabeza

2

Ahora el cuerpo y un bonito gorro de chef

3

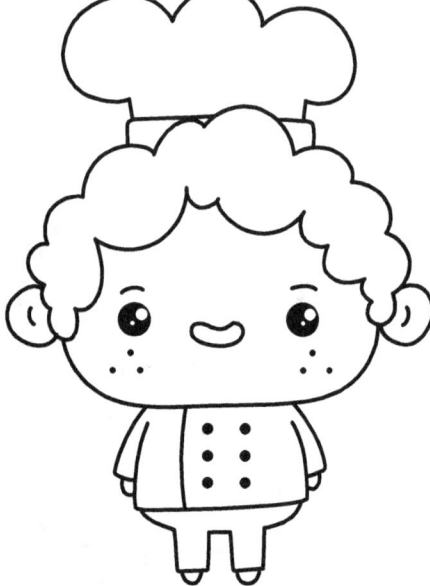

Añade muchos botones a la camisa y una carita kawaii

4

La cocina es un arte

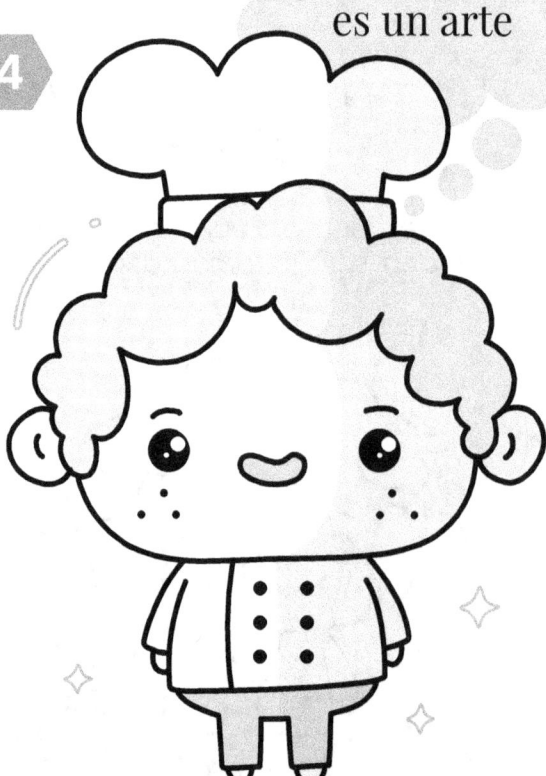

El blanco refleja limpieza e higiene

DOCTORA

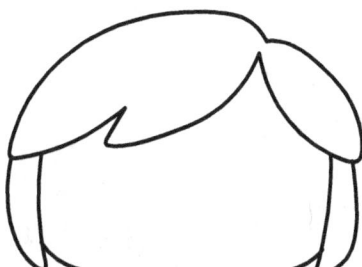

Comienza por una cabeza con flequillo

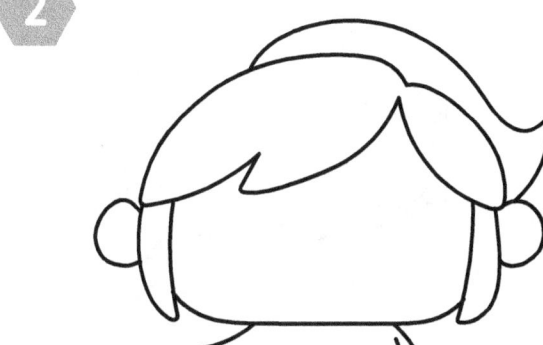

Sigue dibujando el cuerpo y una coleta

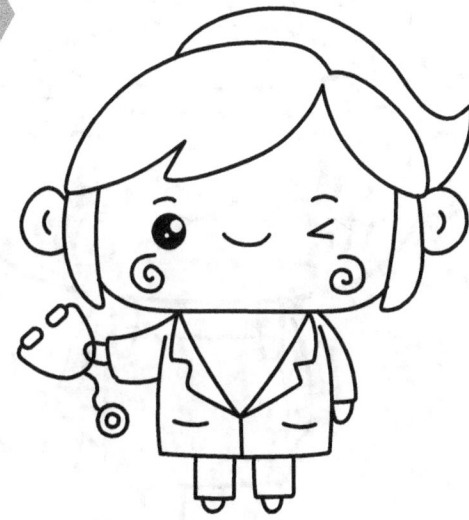

Personaliza los detalles como el estetoscopio y la bata

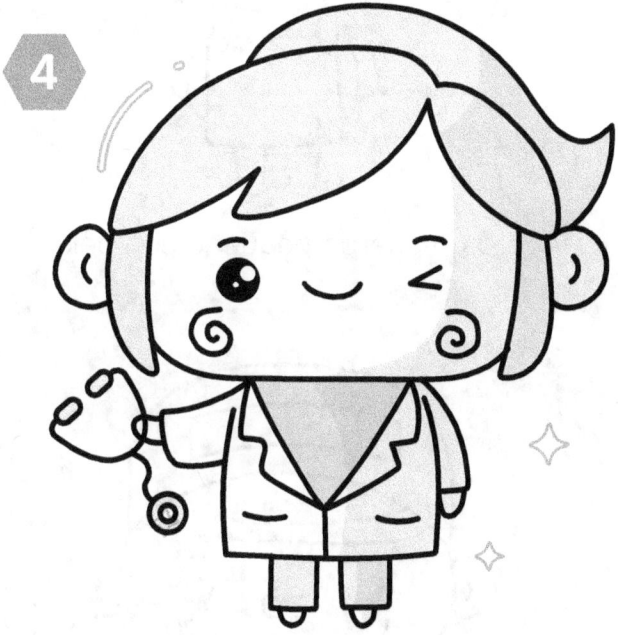

¡A pintar! Los médicos tienen la bata blanca

Ven a verme
si te sientes mal

HERRERO

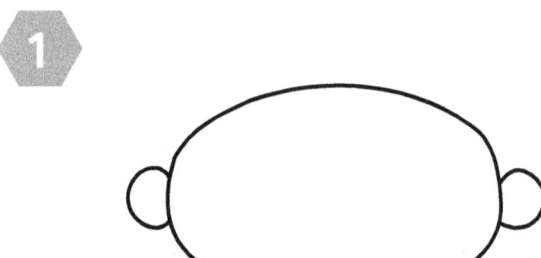

1 Dibuja una cabeza ovalada con 2 orejas

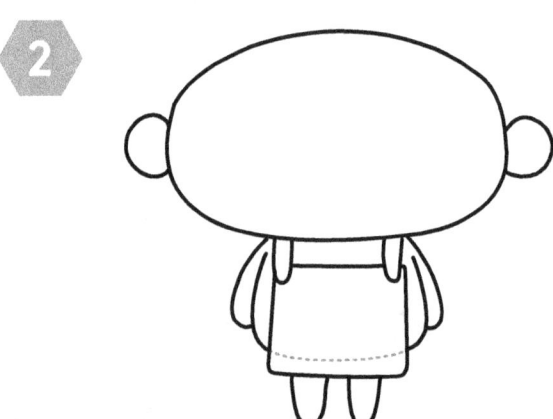

2 Ahora un cuerpo pequeño con delantal

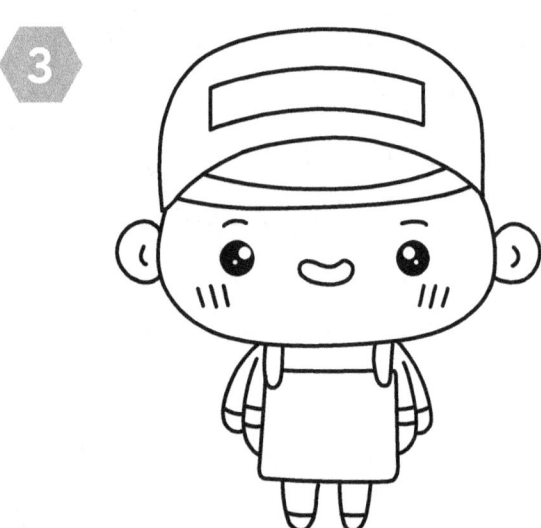

3 Y una máscara de soldadura subida

4

Moldeo hierro y otros metales a tu gusto

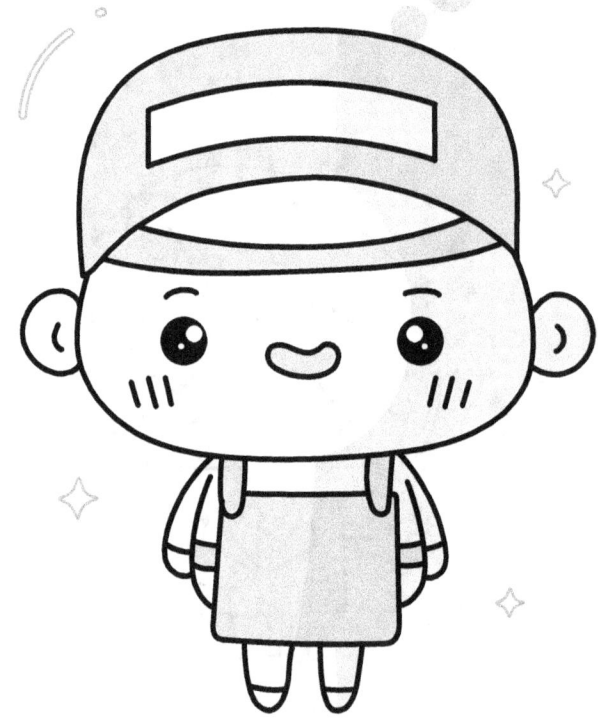

¡Píntalo de tus colores favoritos!

STREAMER

1

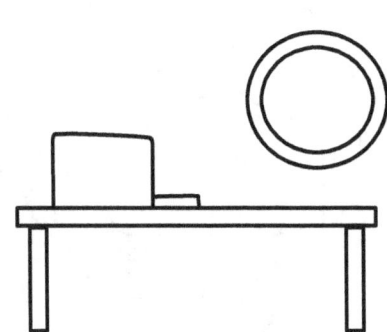

Empieza por la mesa, el ordenador y el aro de luz

2

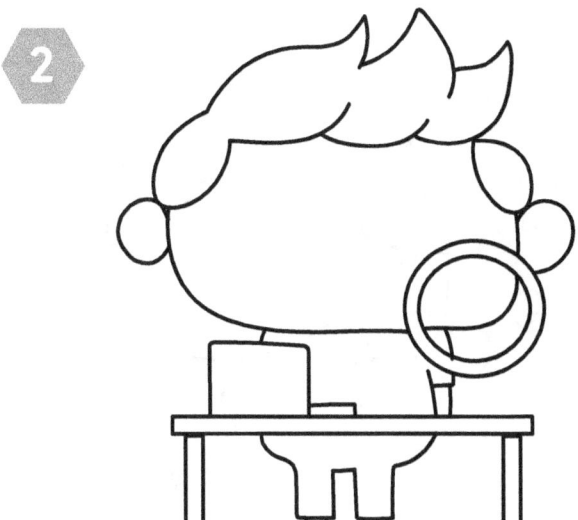

Ahora el chico con un peinado moderno

3

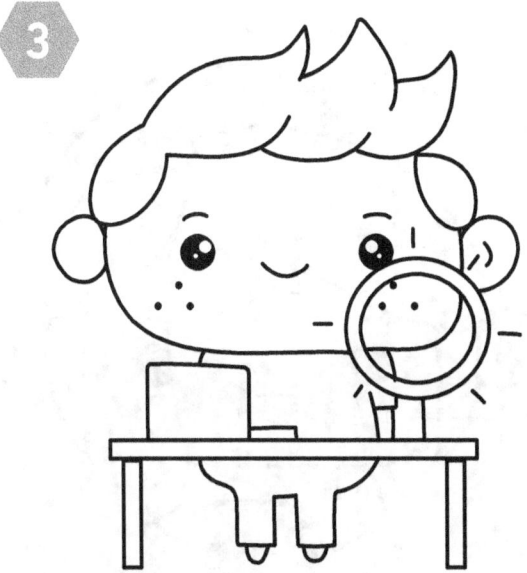

¡Unos rayos de luz y la carita!

4

Esta noche estreno video en directo

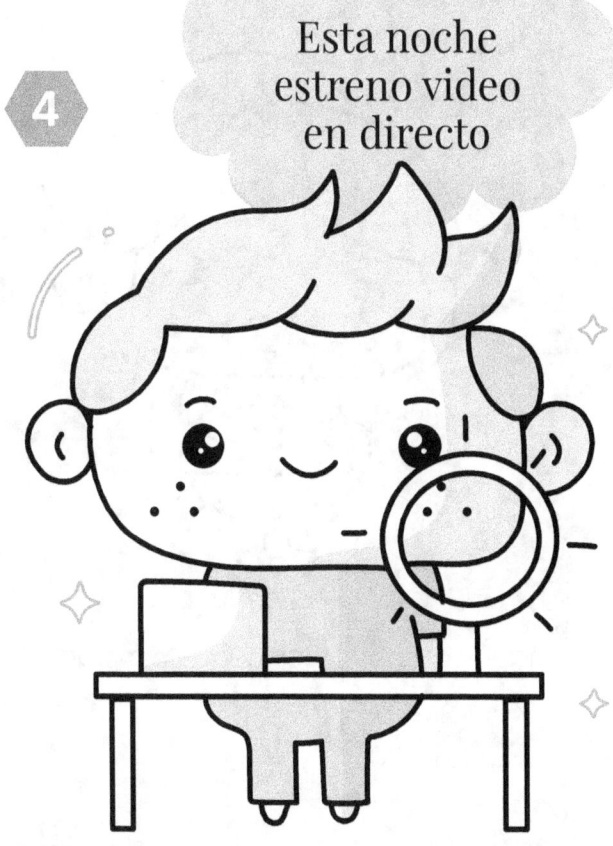

¡A pintar! Elige colores variados

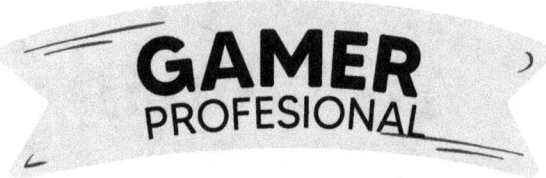

GAMER PROFESIONAL

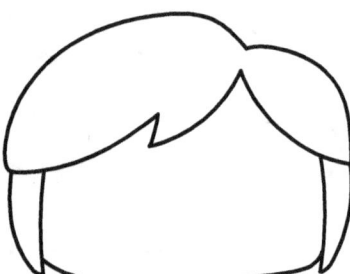

Recuerda, siempre empezamos por arriba

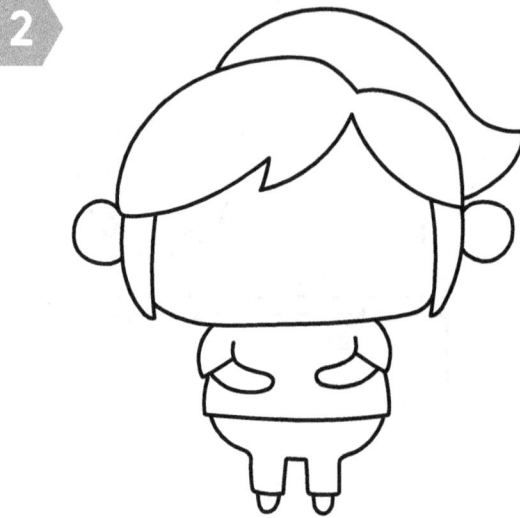

Al dibujar el cuerpo, coloca las manos hacia dentro

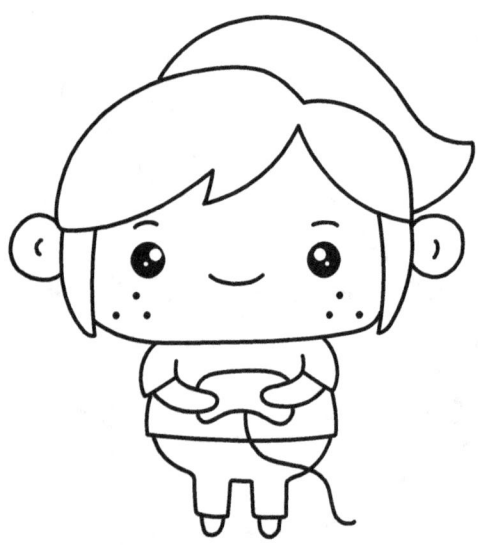

Añade el mando del juego ¡Y a jugar!

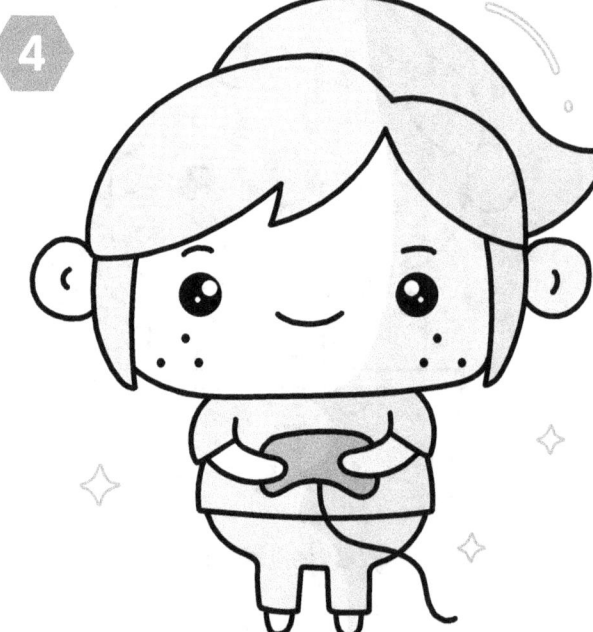

Atrévete con un color de pelo divertido

¿Jugamos en solitario o en equipo?

MODELO

 1

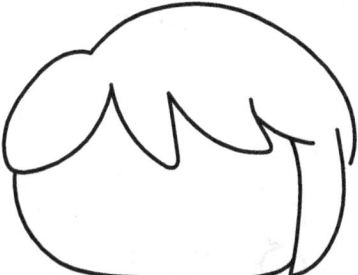

Dibuja la cabeza y el flequillo

 2

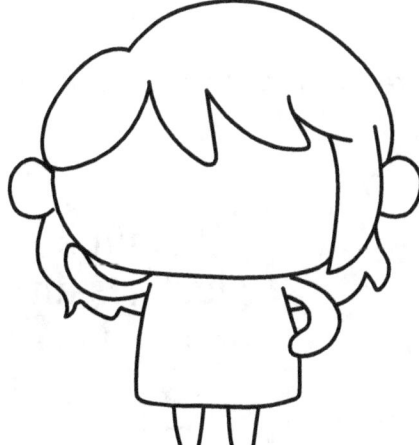

Completa el pelo y la silueta del cuerpo

 3

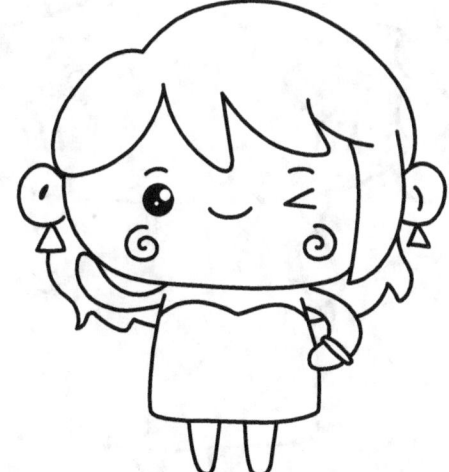

Añade pulseras, pendientes y un vestido de palabra de honor

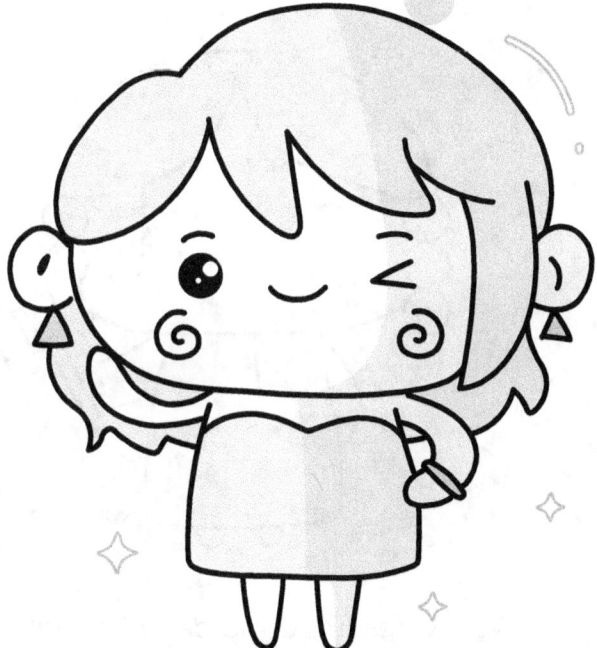 **4**

Me encantan las pasarelas y las fotos

Utiliza un color llamativo para el vestido

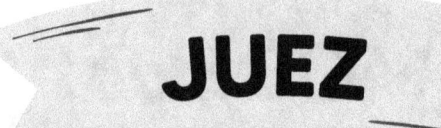

JUEZ

1

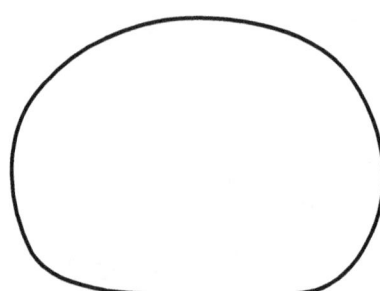

Empieza con un circulo aplastado

2

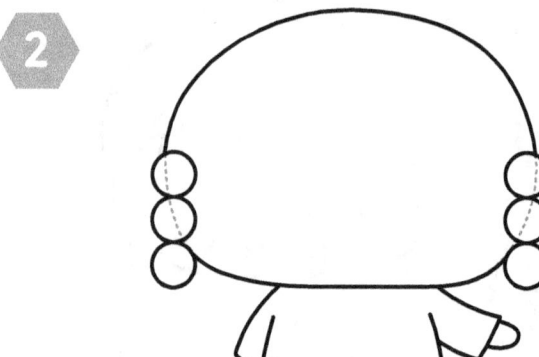

Agrega 2 tiras de círculos a los lados

3

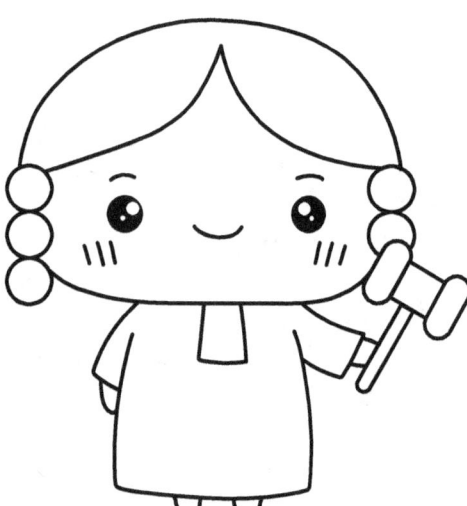

¡No olvides el martillo de la justicia!

4

Un mundo
justo es un
mundo mejor

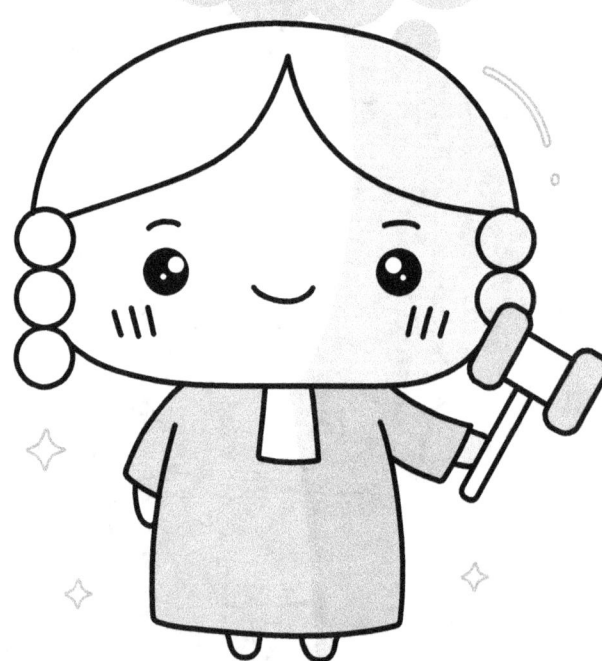

¡A pintar! la bata es negra

FOTÓGRAFO

1

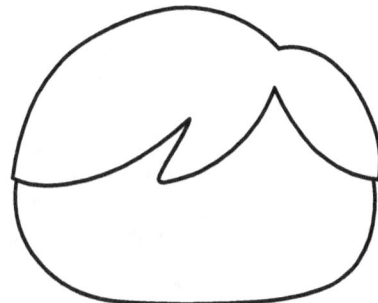

¡Ya eres un experto! Cabeza y pelo

2

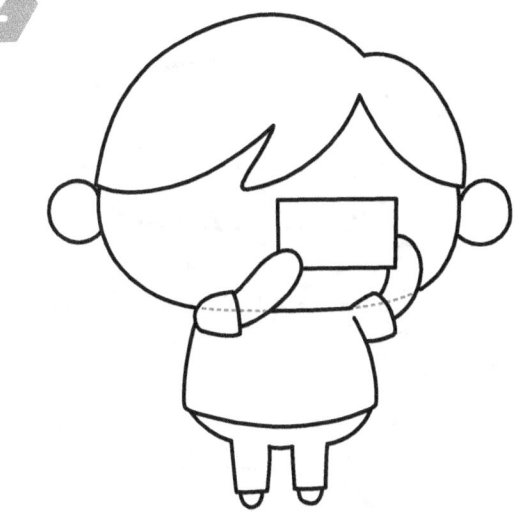

Dibuja el cuerpo con el rectángulo para la cámara

3

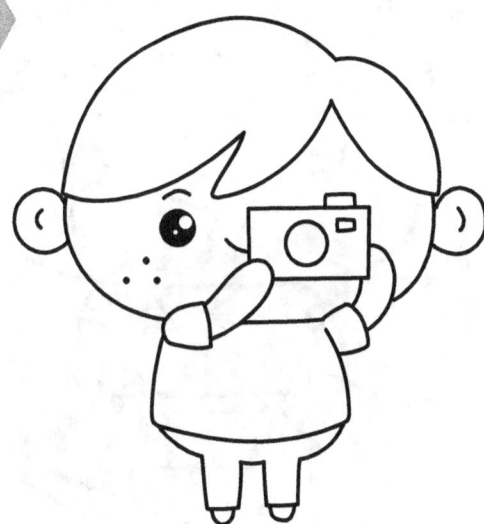

¡Más detalles! y la carita medio tapada

4

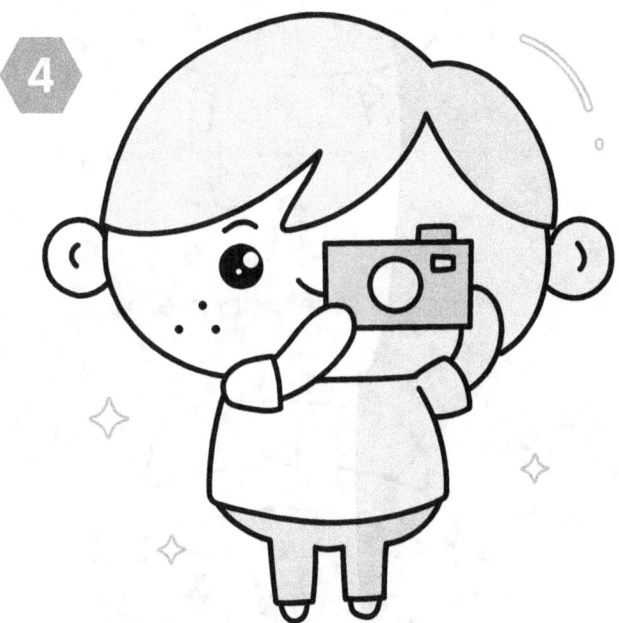

¡A pintar! Usa tus colores favoritos

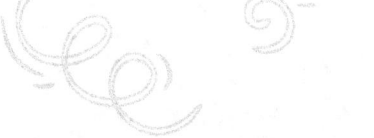

Con mi cámara
captúro momentos

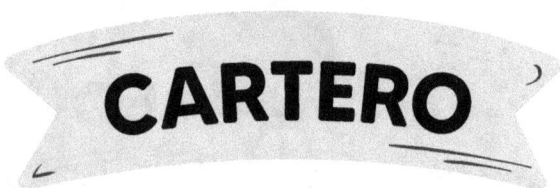

CARTERO

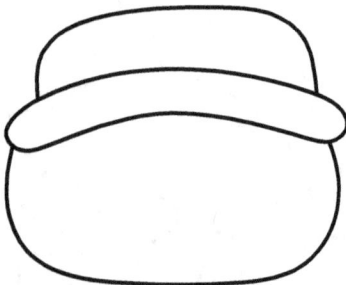

Dibuja 3 siluetas redondeadas y aplastadas

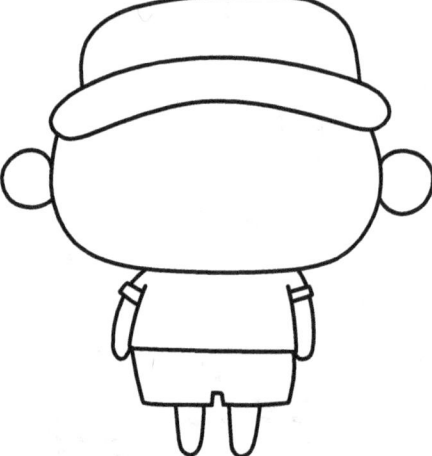

Ahora la silueta del cuerpo

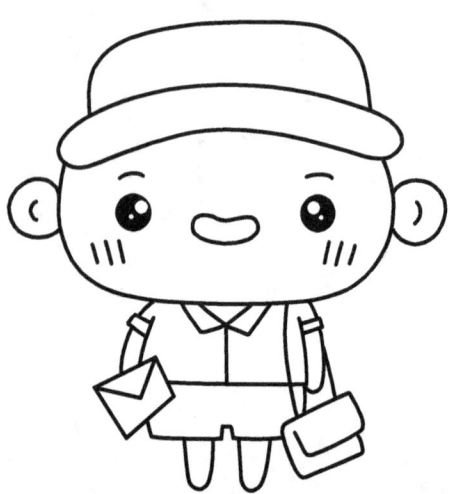

Añade la cartera y las cartas

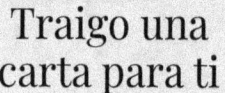

Traigo una carta para ti

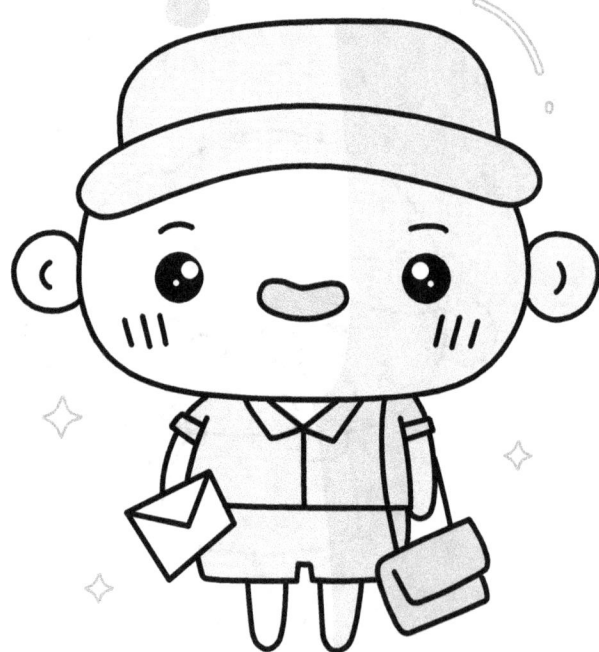

Utiliza el mismo color para todo el uniforme

PESCADOR

1

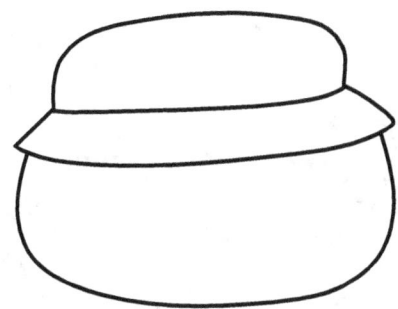

Dibuja un sombrero sobre una cabeza

2

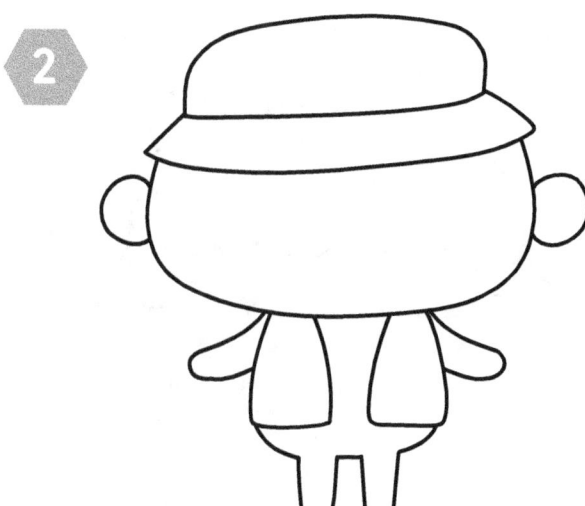

Ahora añade un cuerpo con chaleco

3

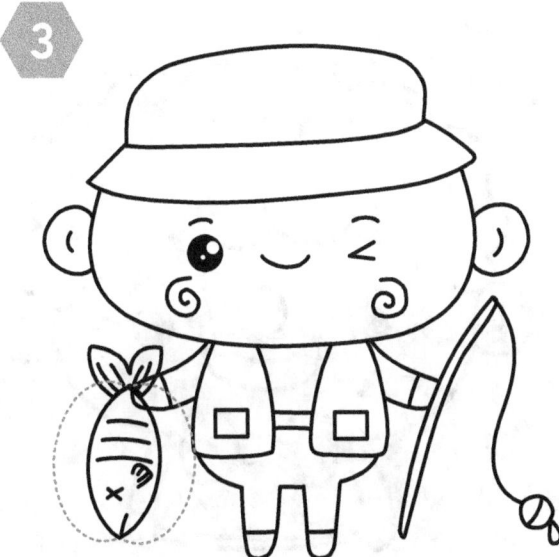

¡Tuvo éxito! Ponle un pescado en una mano y la caña de pescar en la otra

4

Ve a pescar al salir el sol

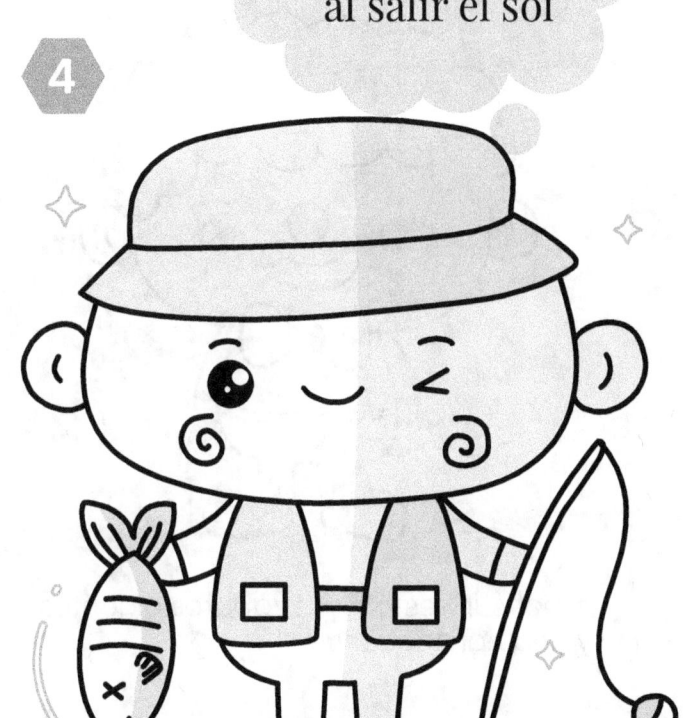

¡A pintar! Utiliza colores de camuflaje

PAYASO

1

Dibuja una nube sobre una cabeza

2

Ahora el cuerpo y una gran pajarita

3

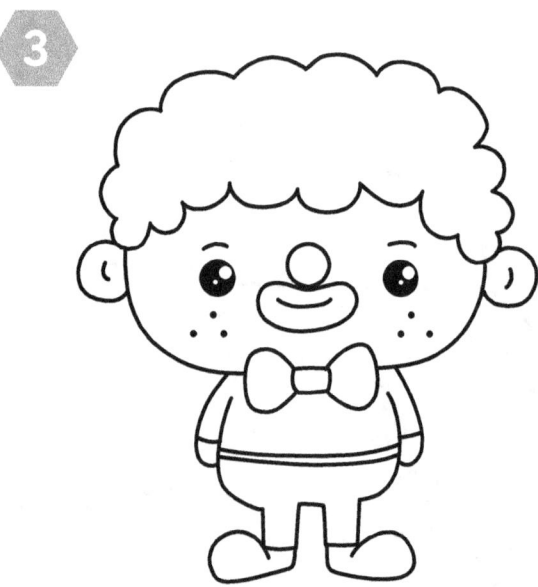

Y por supuesto, unos zapatos gigantes y una nariz redonda

4

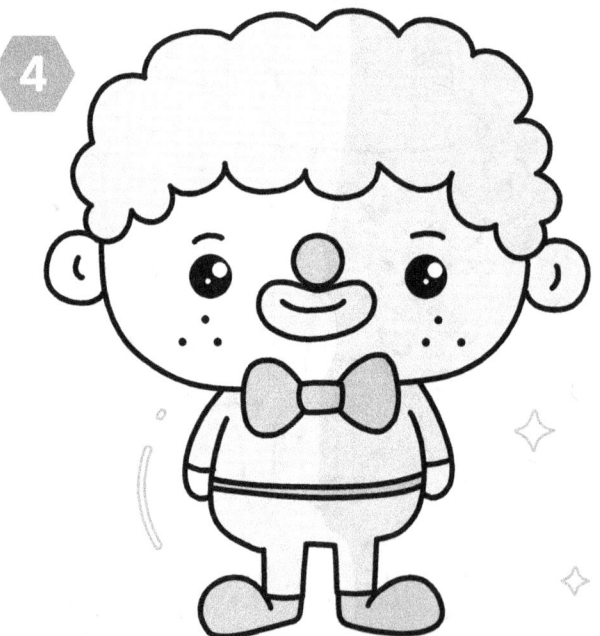

¡A pintar! Elige un rojo para la nariz

Hago reír a los niños

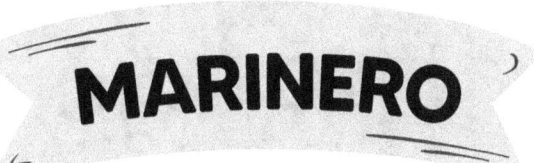

MARINERO

1

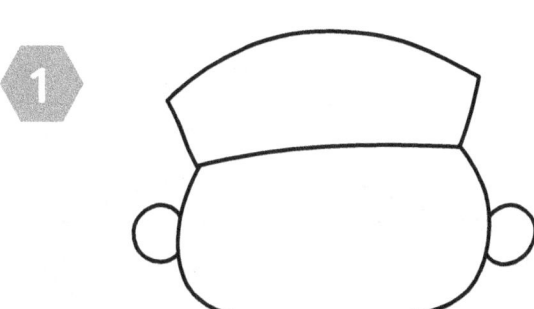

Comienza por una cabeza con un sombrerito marinero

2

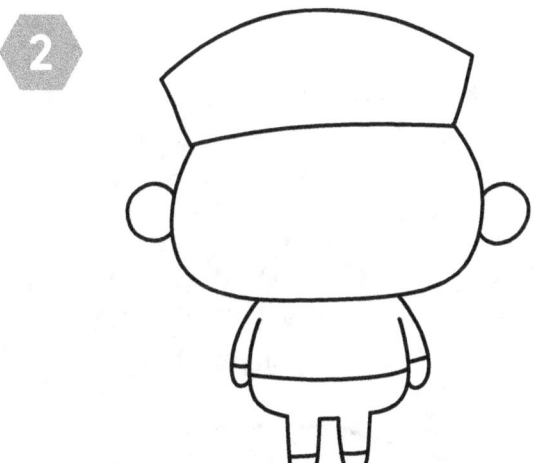

Dibuja un cuerpo común

3

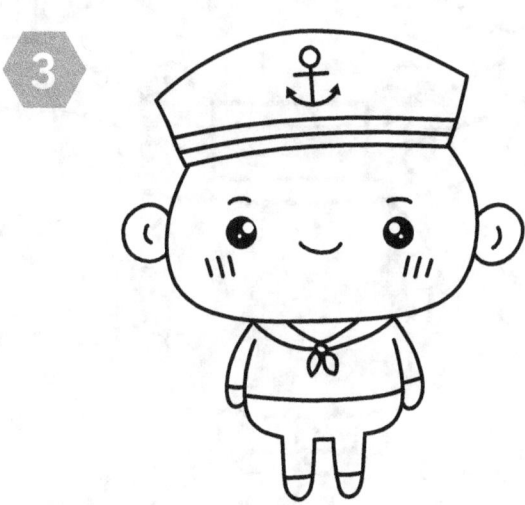

Un pañuelo alrededor del cuello y el ancla en el sombrero

4

Puedo estar meses sin pisar tierra

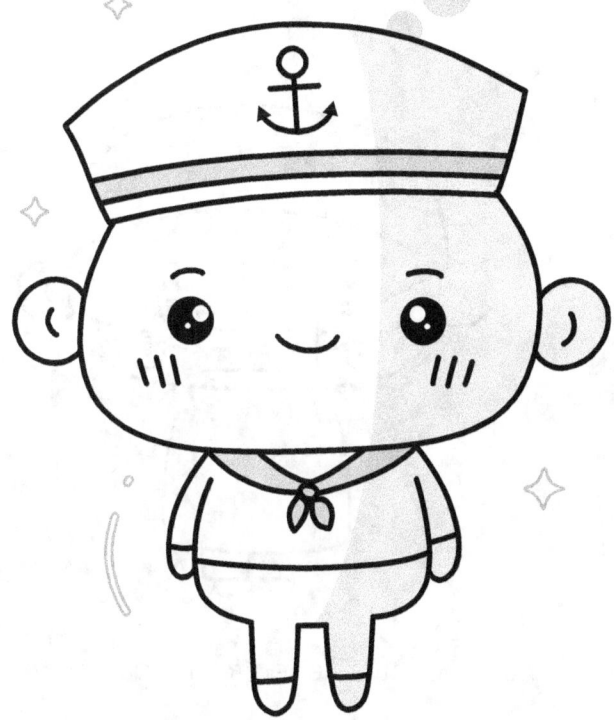

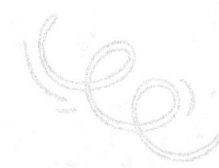

El uniforme de marinero es blanco, y los detalles azul marino

CIRUJANO

1

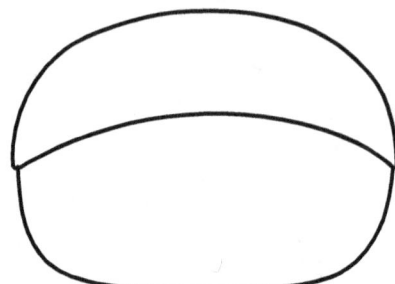

Dibuja la forma de un tazón con una luna encima

2

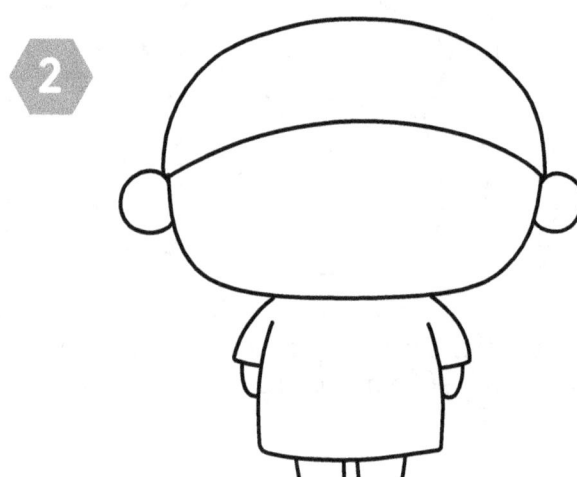

Ahora el pijama de cirujano

3

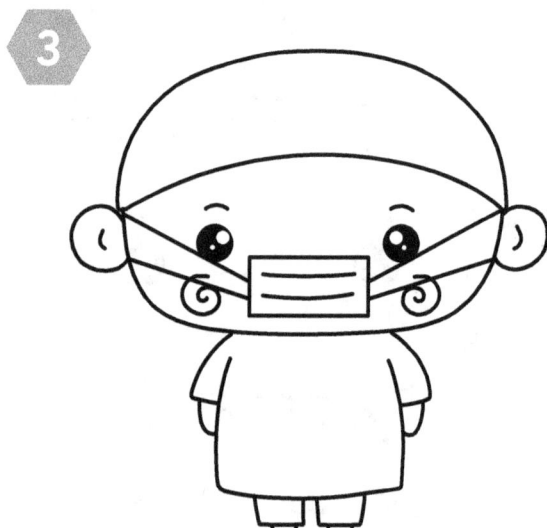

Los cachetes tienen forma de espiral

4

Salvamos vidas en los hospitales

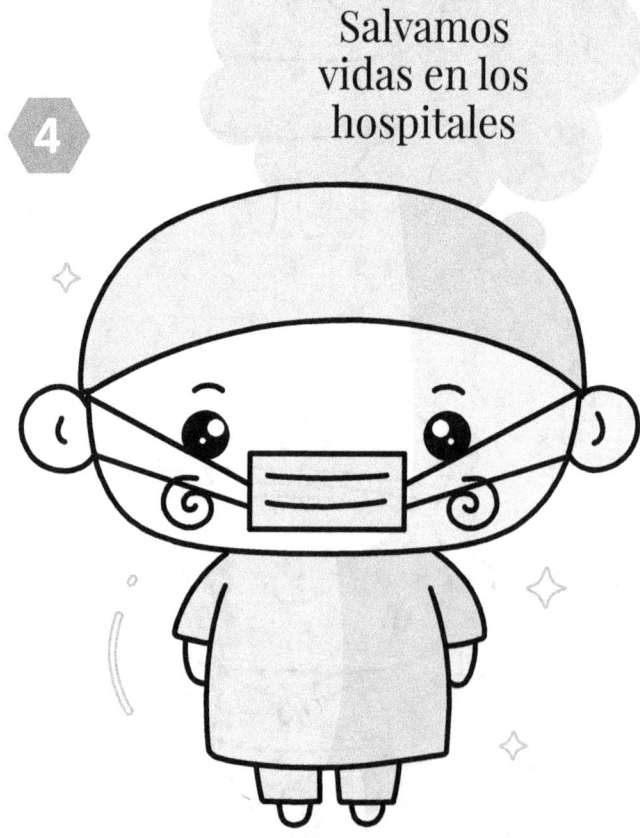

¡A pintar! El traje y la mascarilla suelen ser verde esmeralda

SOLDADO

1

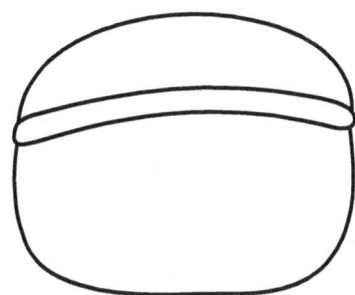

Comienza por figuras entre ovaladas y cuadradas

2

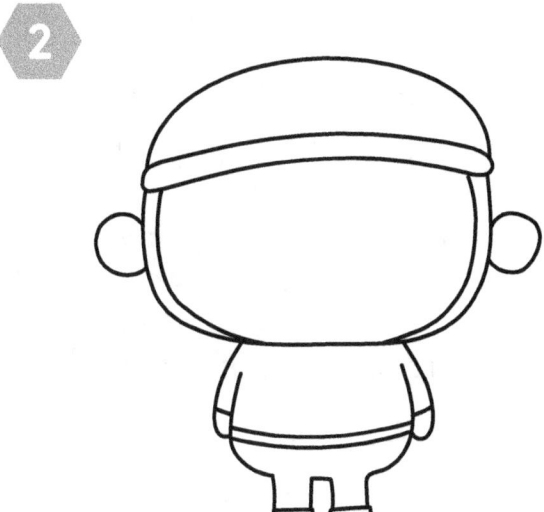

Sigue por el cuerpo y la tira del casco

3

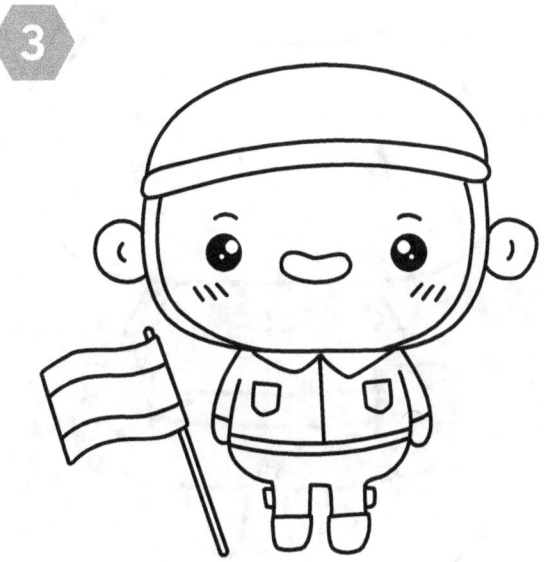

¡Importantísimo! La bandera de tu país

4

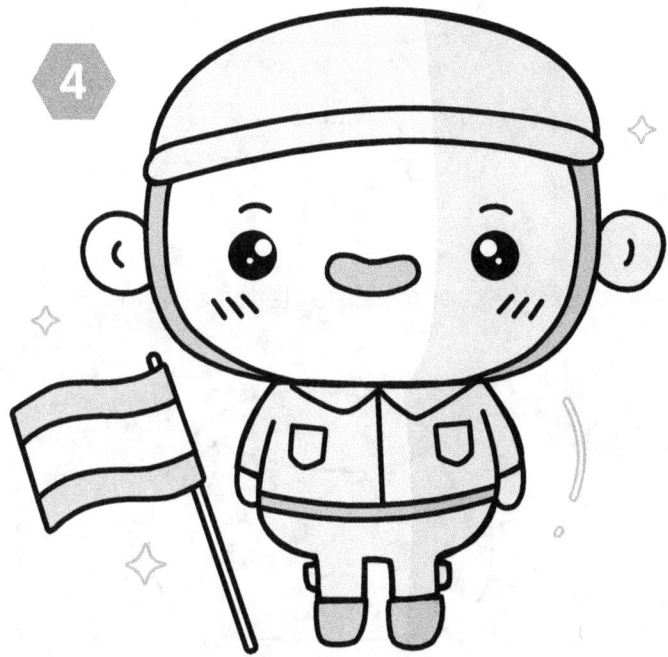

Pinta la ropa verde militar y la bandera como la de tu país

Protejo y sirvo a mi país

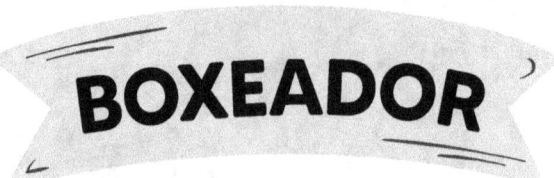

BOXEADOR

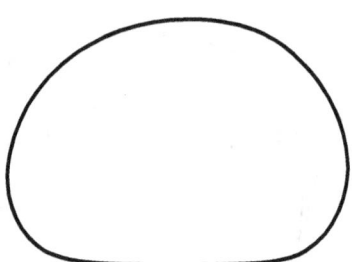

Dibuja un círculo aplastado

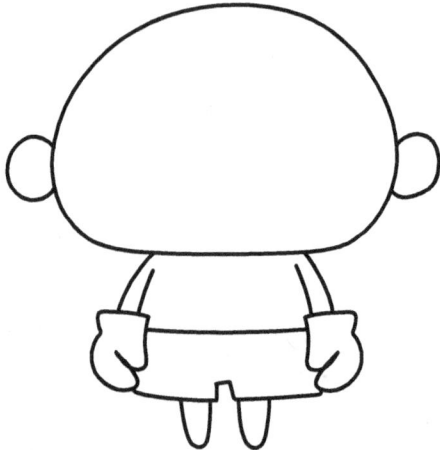

Exagera el tamaño de los guantes

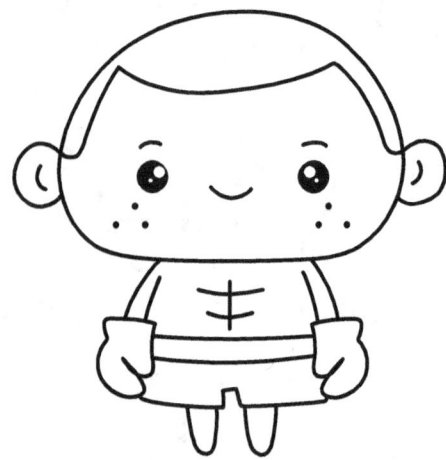

¡Está fuerte! márcale los músculos
y déjale el pelo rapado

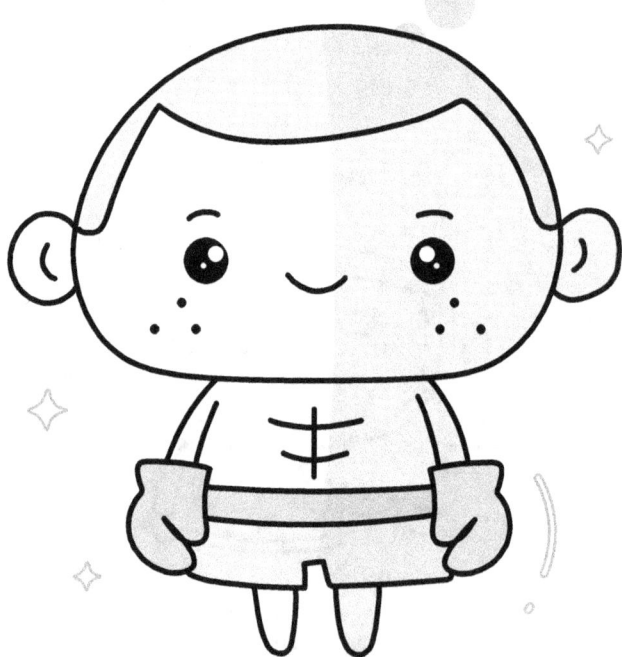

Entreno muy
duro antes de
cada combate

¡A PINTAR! ¿Qué tal unos guantes rojos?

POLICÍA

1

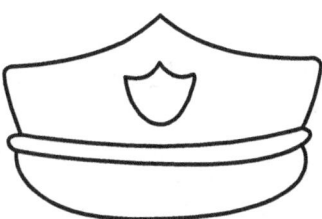

Comienza por un sombrerito con 3 picos arriba y el escudo en medio

2

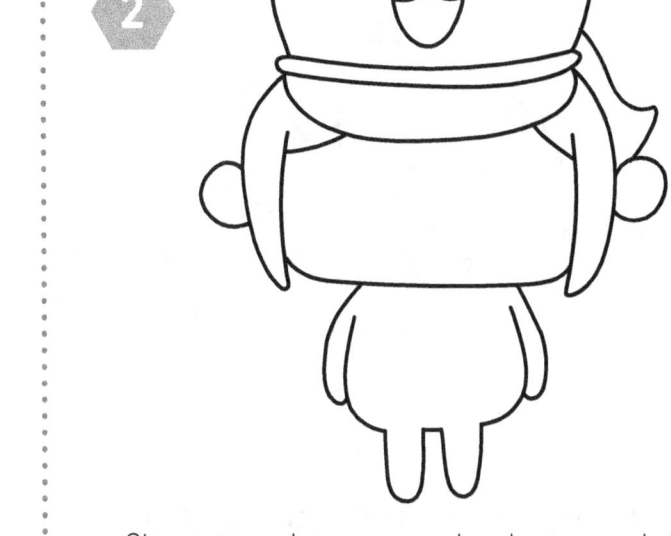

Sigue con el cuerpo y el pelo con coleta

3

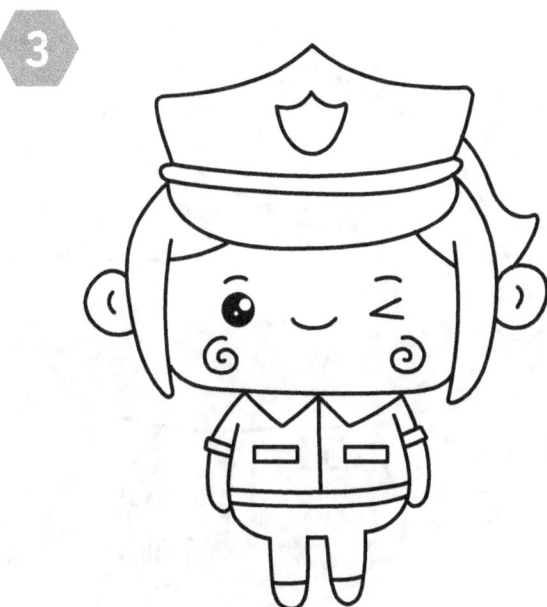

¡Faltan todos los detalles del uniforme!

4

Las calles deben ser seguras

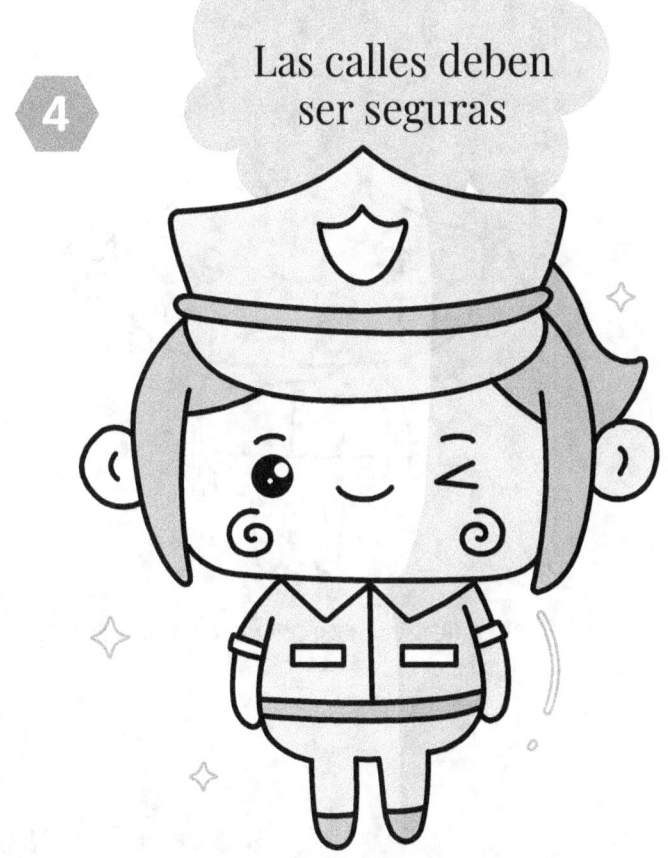

¡Pinta el uniforme de azul!

SACERDOTE

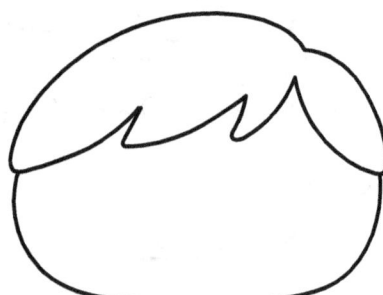

Primer paso: cabeza y pelo con 4 picos

Los curas van con su biblia a todos lados, dibújale un libro rectangular en su mano

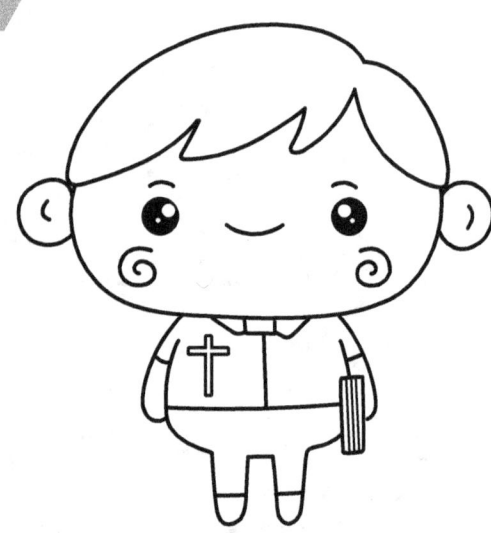

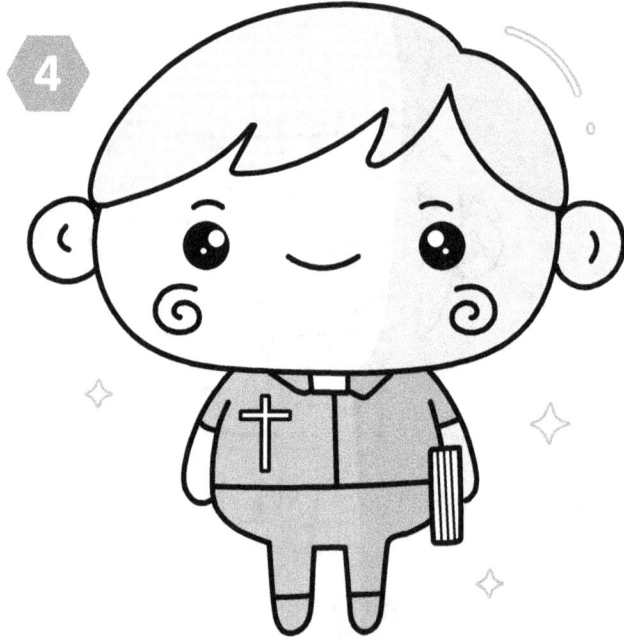

¡Muchas líneas! para la cruz y las hojas de la biblia

¡A pintar! La ropa suele ser negra

Seamos todos mejores personas

MAGO

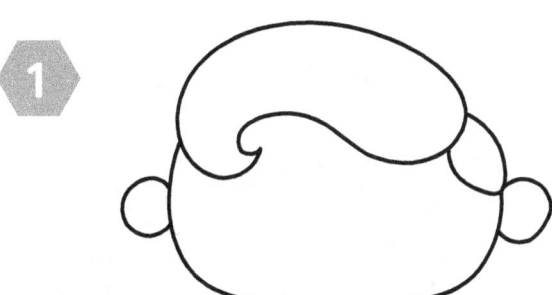

1 Crea la cabeza con el pelo en espiral

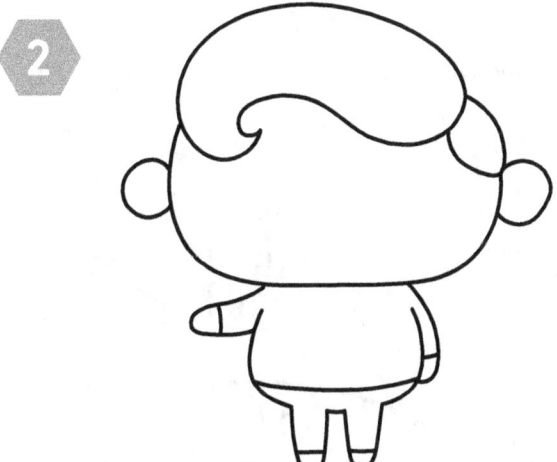

2 ¡Como siempre! La silueta del cuerpo

3 ¡Los detalles! Un sombrero con largas orejas de conejo y la varita mágica

4

¡Abracadrabra!

¡A pintar! El morado es el color de la fantasía

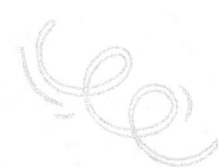

CAPITÁN
DE BARCO

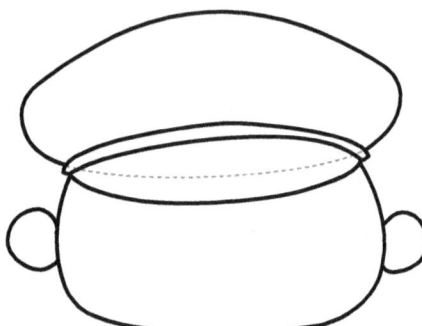

Empieza por la cabeza con una gorra
ligeramente puntiaguda por arriba

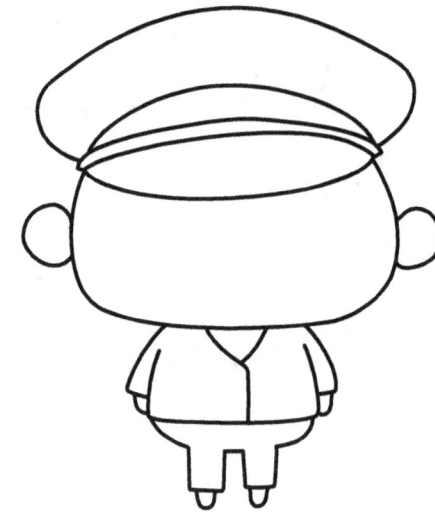

Vístele con una camisa cruzada

Con 1 círculo y 4 líneas cruzadas
tendrás el timón del barco

El mar es
mi hogar

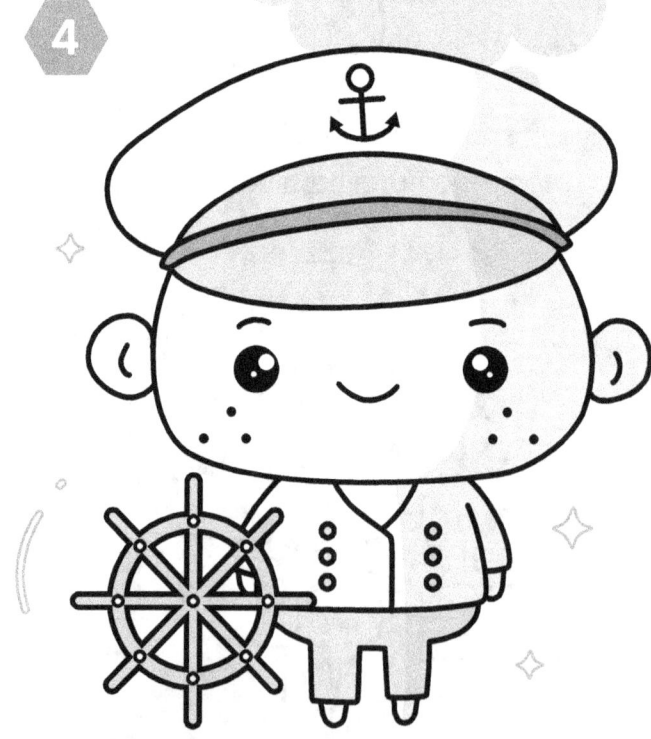

¡A pintar! ¿Qué tal de azul marino y blanco?

CONSERJE

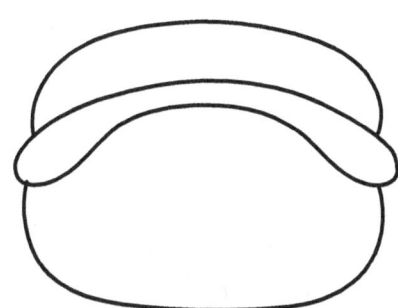

Crea 3 formas redondeadas para la cabeza

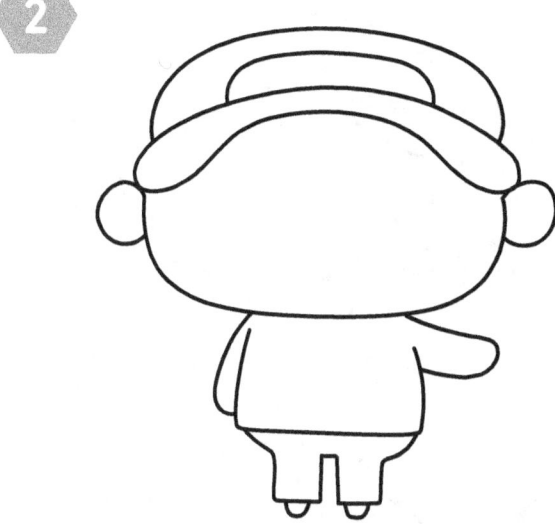

Continúa por el cuerpo y un brazo estirado

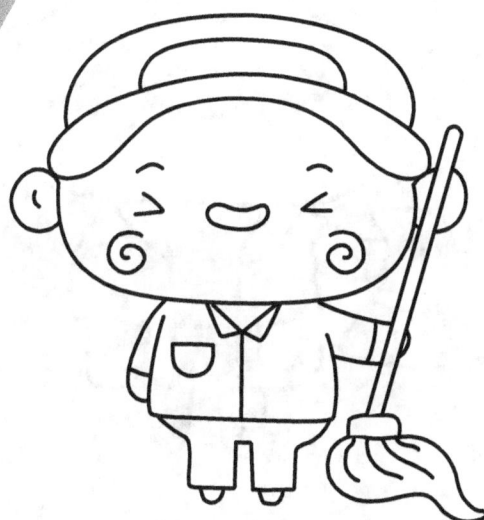

¡Y la fregona! para mantener el piso limpio

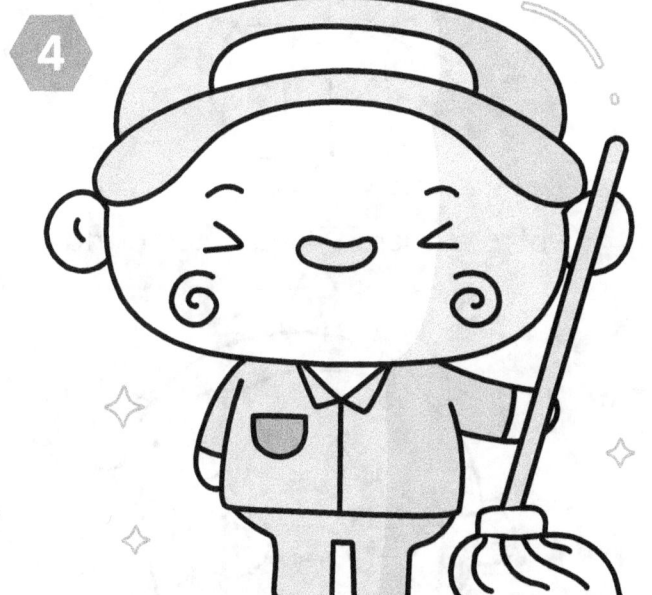

Pínta el uniforme de azul o café

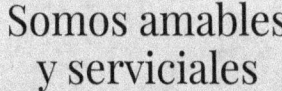

Somos amables y serviciales

CIENTÍFICO

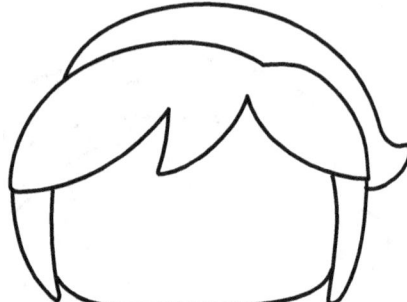

Dibuja a tu chica con coleta

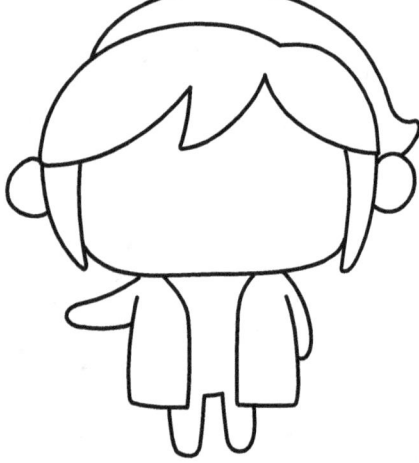

Ahora el cuerpo y una bata abierta

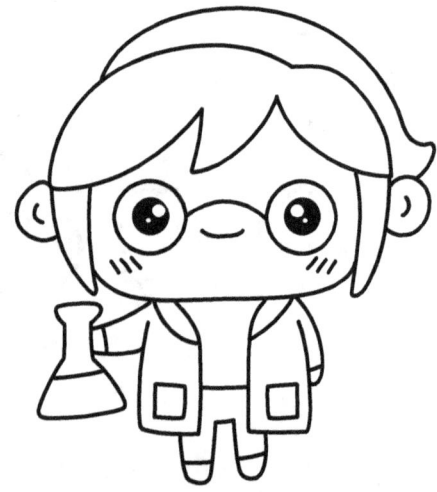

Añade un matraz gigante y unas gafas redondas

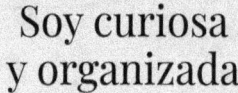

Soy curiosa y organizada

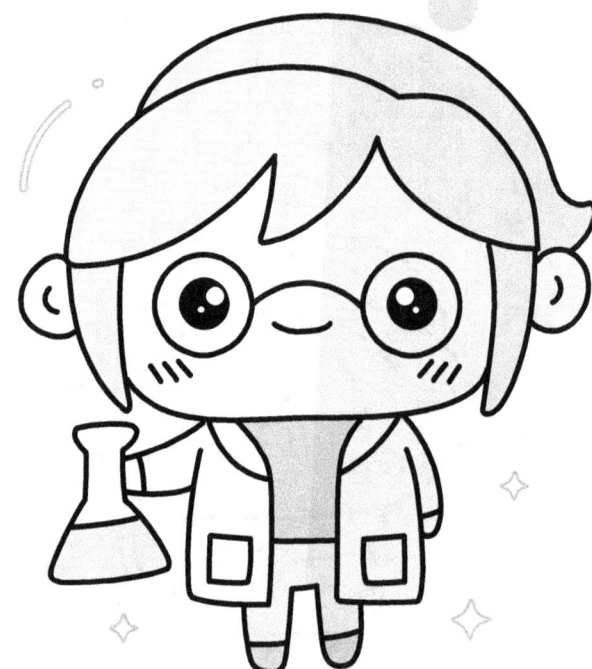

¡A pintar! Escoge tu color favorito

PUBLICISTA

1

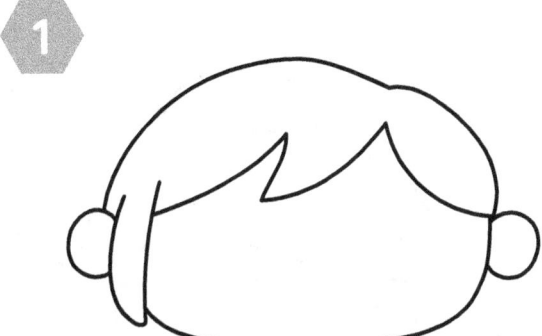

Dibuja la base de la cabeza con flequillo

2

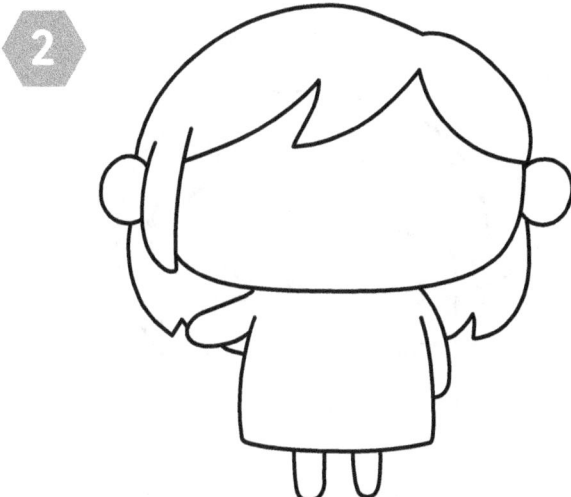

Termina el cabello y dibuja un vestido

3

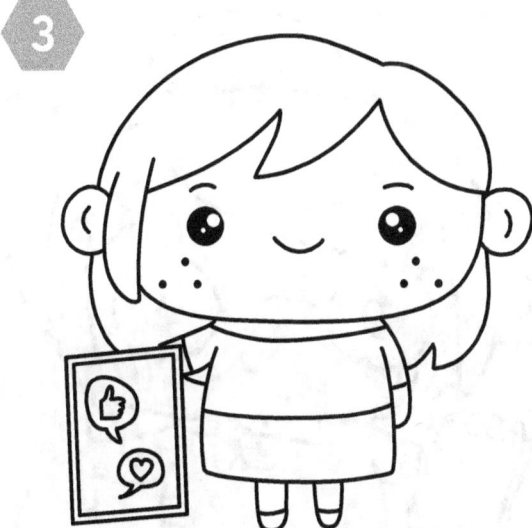

Por último, el panel de ideas ¡Y la sonrisa!

4

Mis ideas venderán tu producto

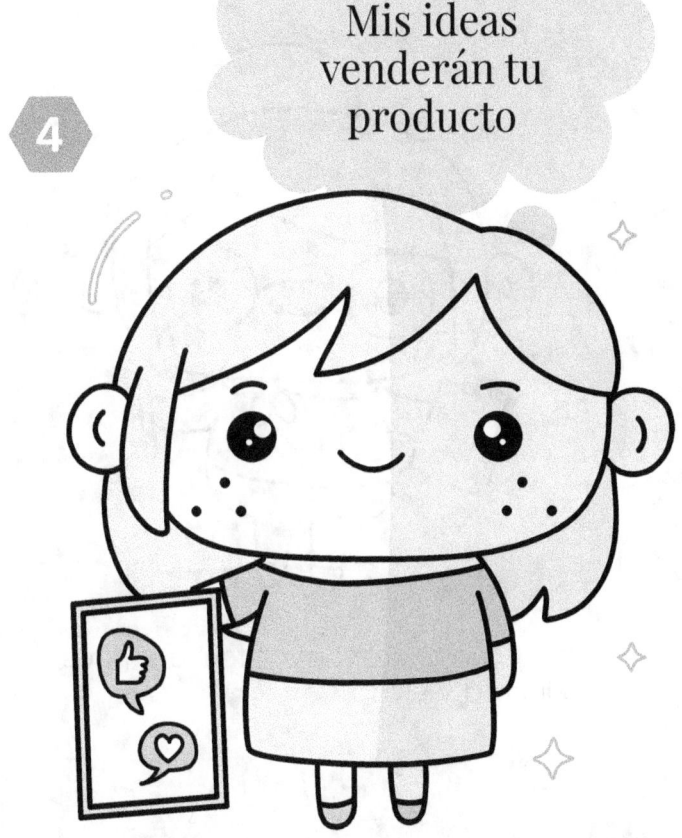

Puedes pintarla de los colores que quieras

DISEÑADORA

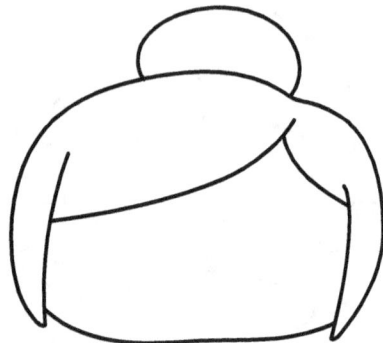

Un círculo aplastado como moño
y 2 picos a los lados

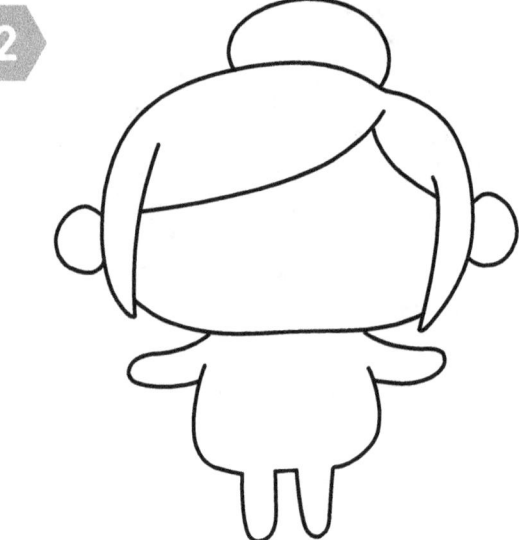

Ahora un cuerpo redondito

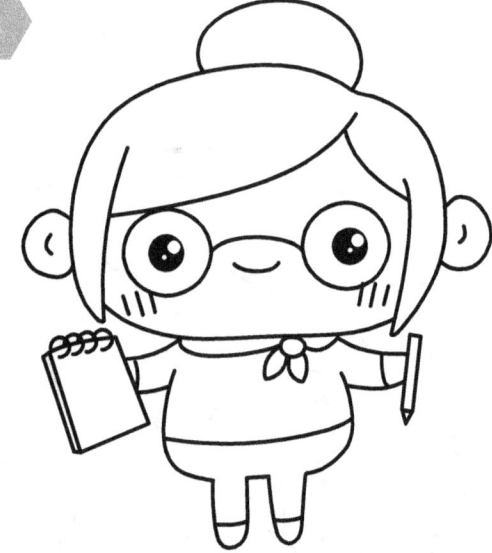

Dibuja unas grandes gafas redondas,
la libreta y el lápiz

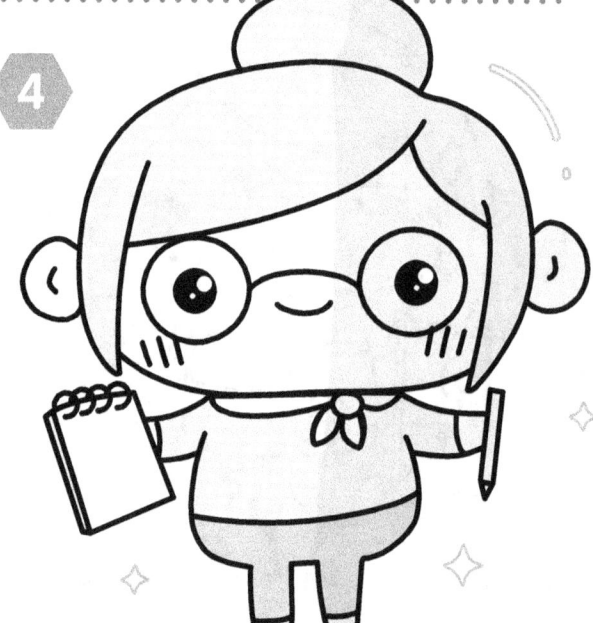

¡A pintar! Utiliza colores alegres

Soy creativa
y organizada

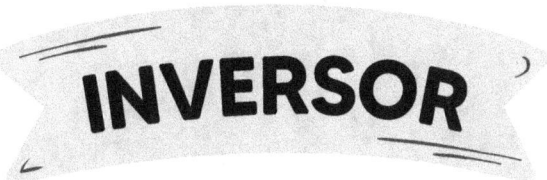

INVERSOR

1

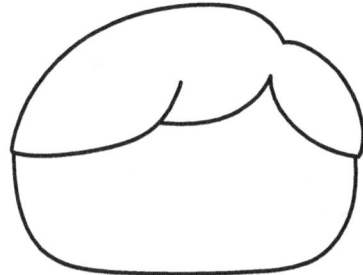

Crea un círculo de forma irregular y un pelo bien peinado

2

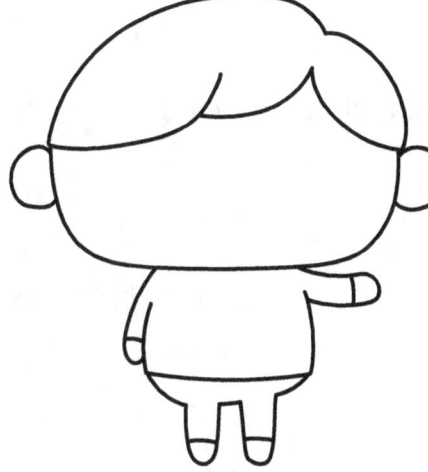

Comienza por pantalón y camiseta

3

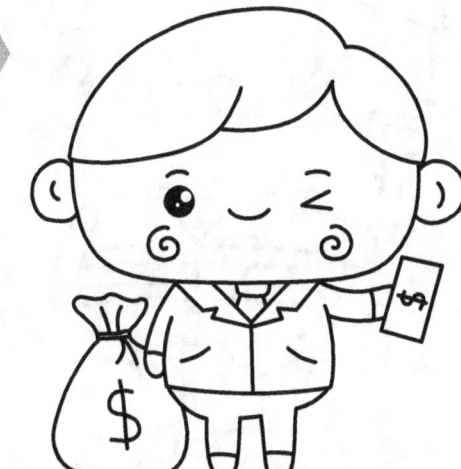

Transforma la camiseta en chaqueta y añade muuuucho dinero

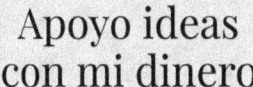**4**

Apoyo ideas con mi dinero

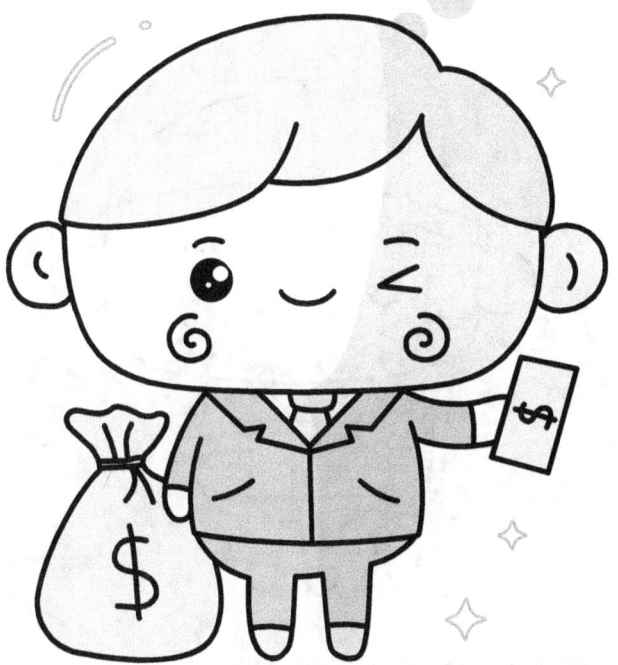

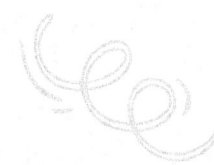

¡Pínta el billete de verde! y el traje oscuro

OBRERO

 1

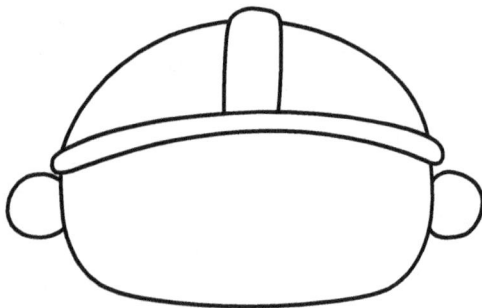

Comienza con la silueta de la cabeza con el casco y orejas redondas

2

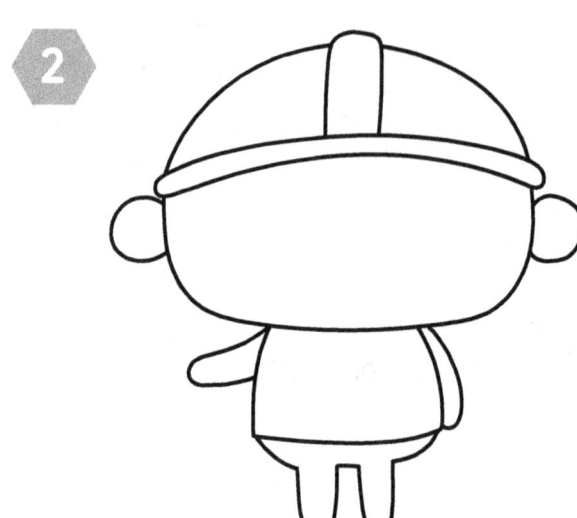

Al dibujar el cuepo coloca un brazo abierto

3

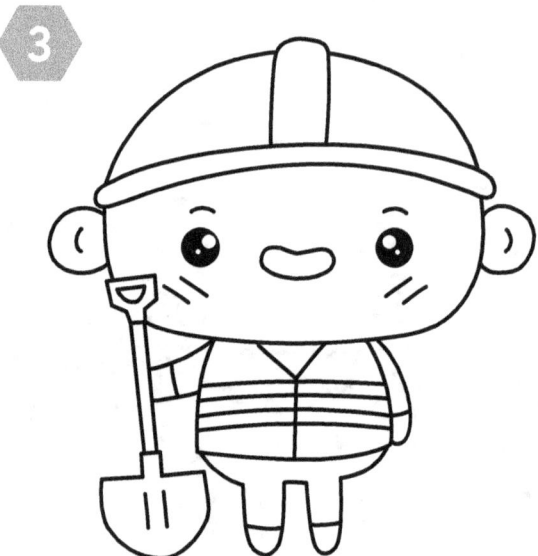

Termina los detalles del chaleco reflectante y añade una gran pala

4

Construimos las ciudades

¡A pintar! Elige amarillo para el casco

PINTOR

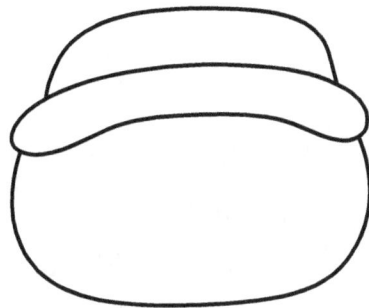

Haz una cabeza circular con una gorra

Vístele con un mono de trabajador y cremallera en medio

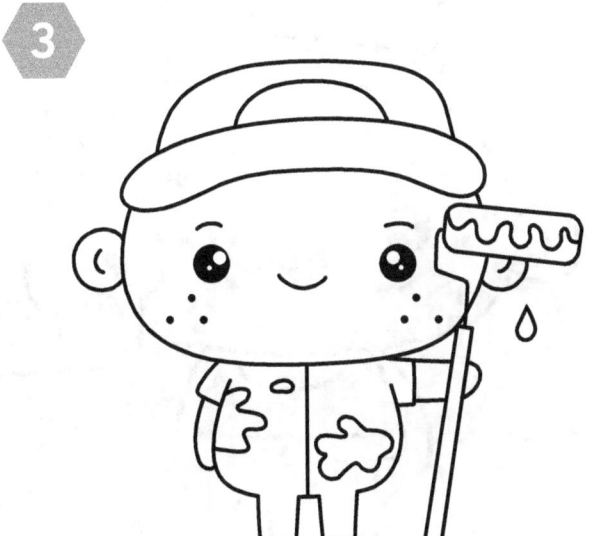

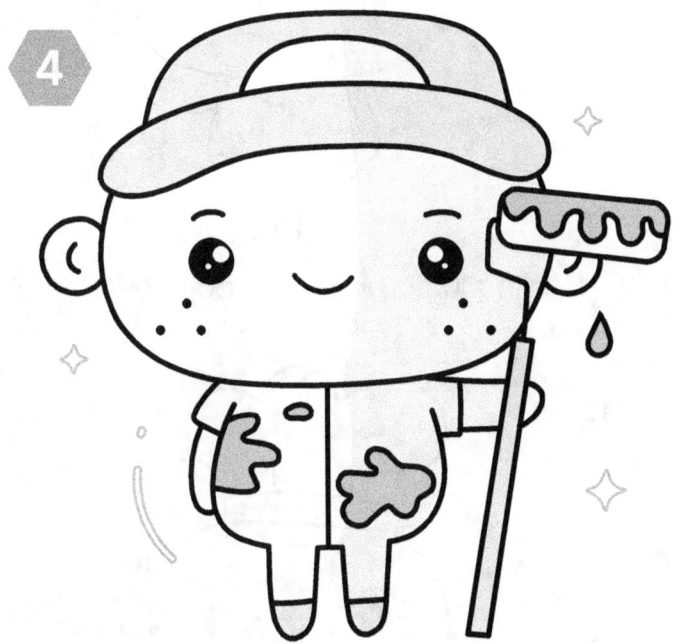

Añade el rodillo y las manchas de pintura

¿De qué color es la pared de tu habitación?

¿Colores cálidos o nórdicos?

PANADERO

1 Comienza por el gorrito de chef

2 Haz la silueta de un cuerpo con delantal

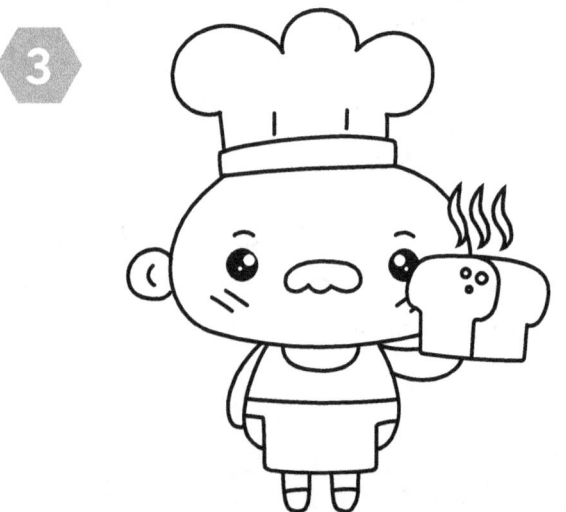

3 Lo más importante ¡El pan recién hecho!

4

Madrugo para hacer pan fresco

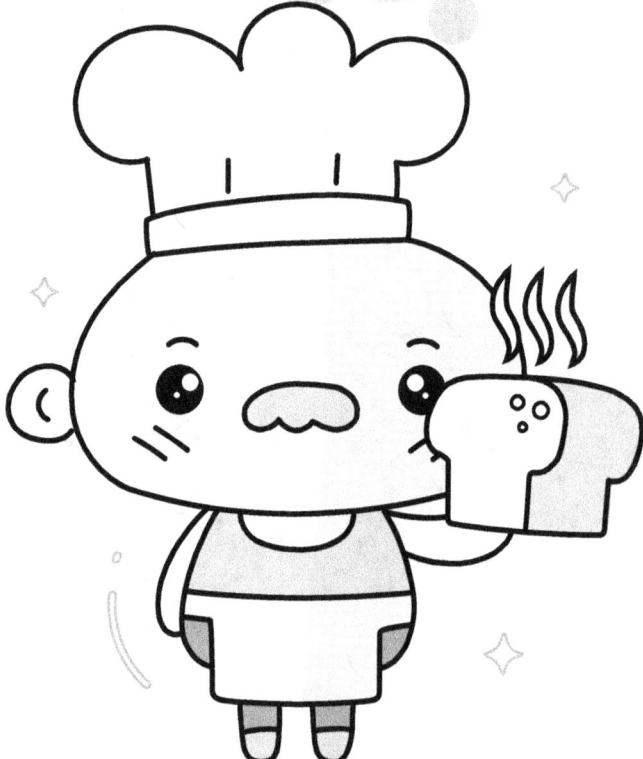

Deja el gorro blanco y pinta el pan marrón

AZAFATA
DE EVENTOS

1

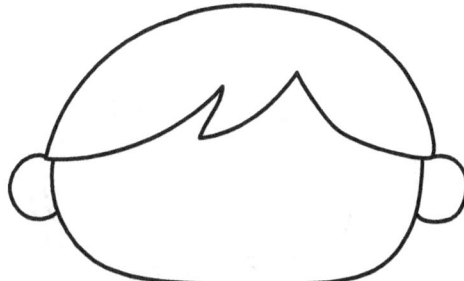

Dibuja una cabeza con un flequillo hacia un lado

2

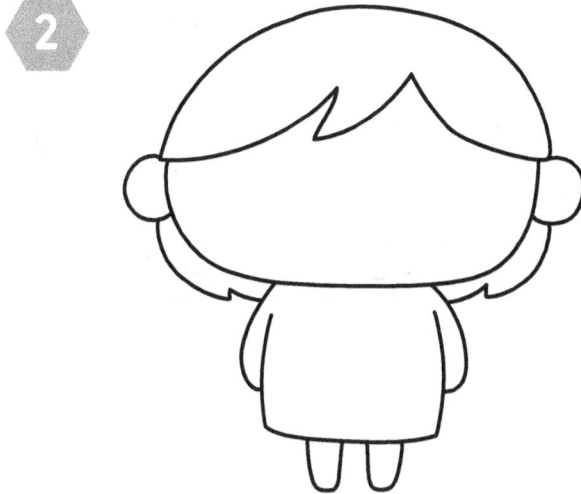

Continúa con el vestido y las piernas

3

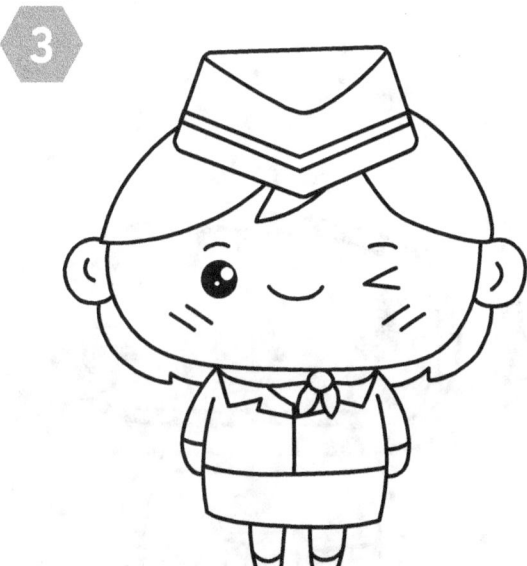

El uniforme de azafata suele llevar pañuelo en el cuello y sombrerito

4

Aquí estoy para atenderte

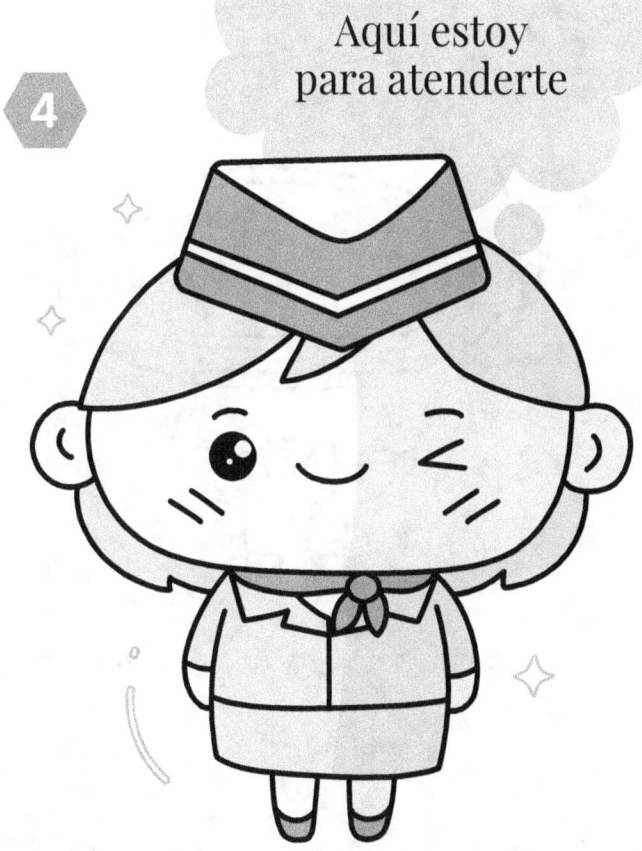

¡Pinta el uniforme de un solo color!

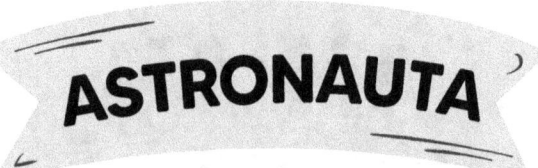

ASTRONAUTA

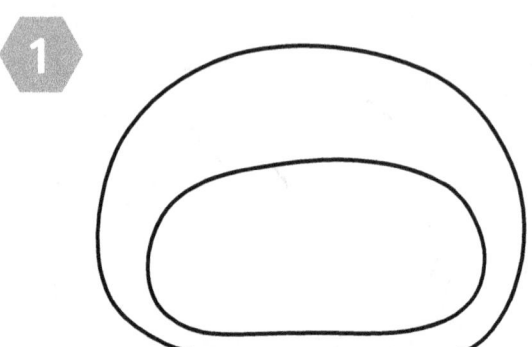

Crea formas curvas, una dentro de otra

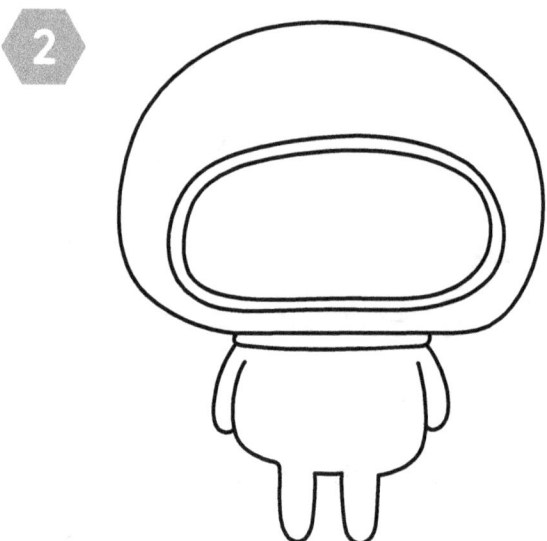

Dibuja el cuerpo y un contorno para la figura curva del centro

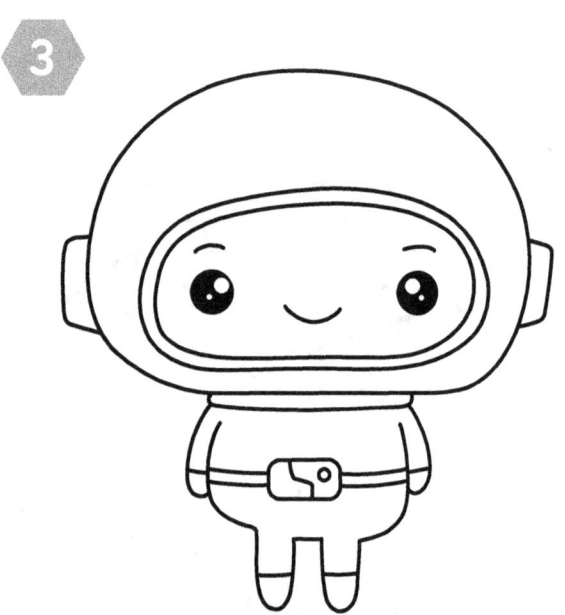

Añade los detalles y una gran sonrisa

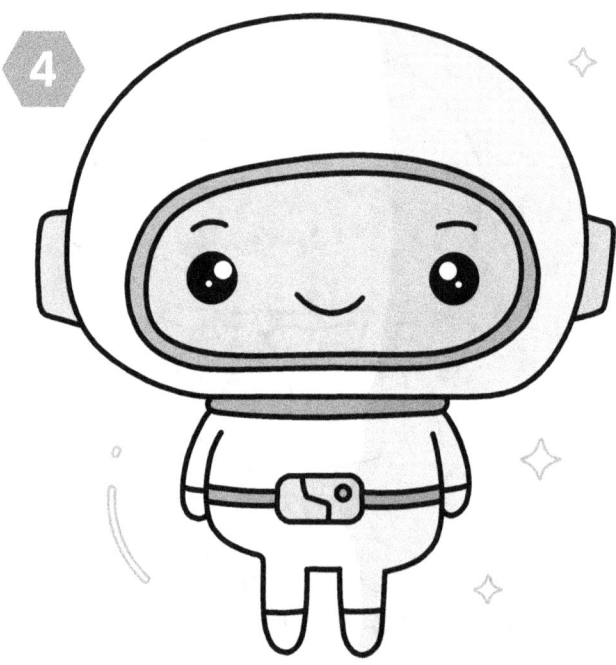

Pinta los detalles y deja el traje blanco

He viajado
a la Luna

GUARDIA
DE SEGURIDAD

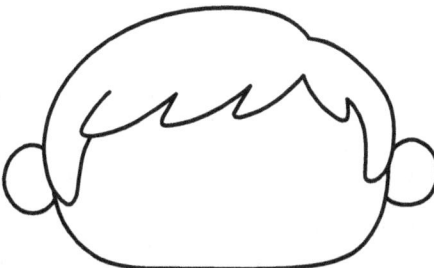

Dibuja un círculo aplastado y 2 orejas

4

No bajo la guardia, siempre estoy alerta

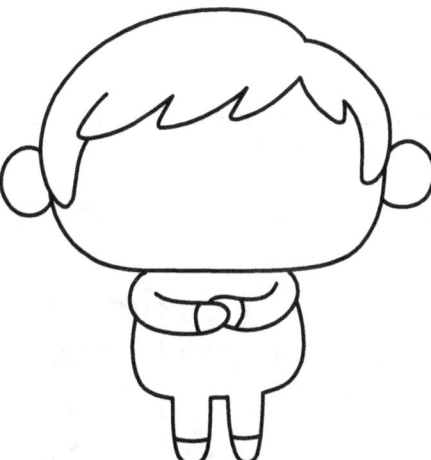

Continúa por unos brazos cruzados

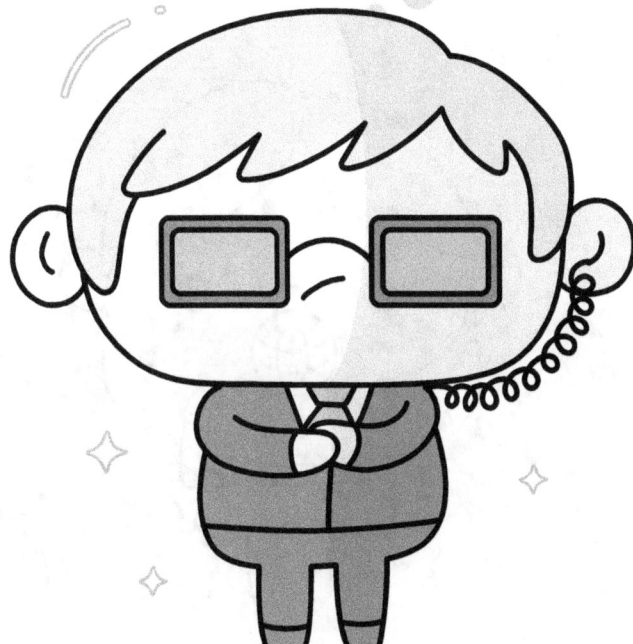

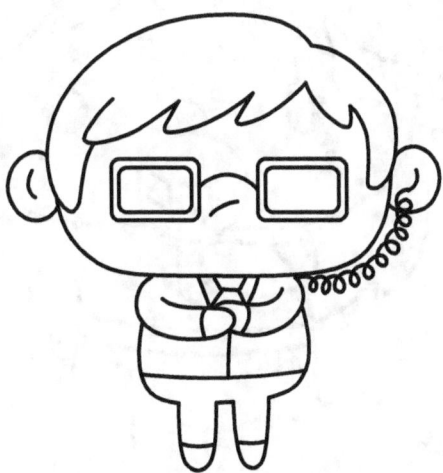

Haz una cara seria con unas gafas cuadradas y el audífono

¡A pintar! Escoje colores oscuros

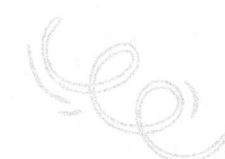

CANTANTE

1

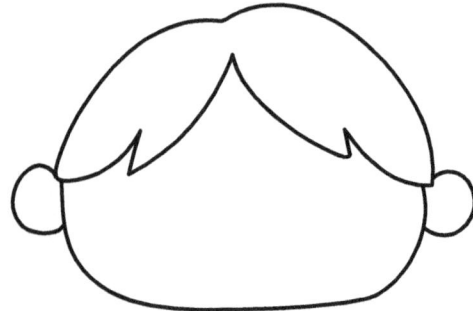

Dibuja la clásica cabeza con un flequillo abierto

2

Completa el cabello y añade un vestido

3

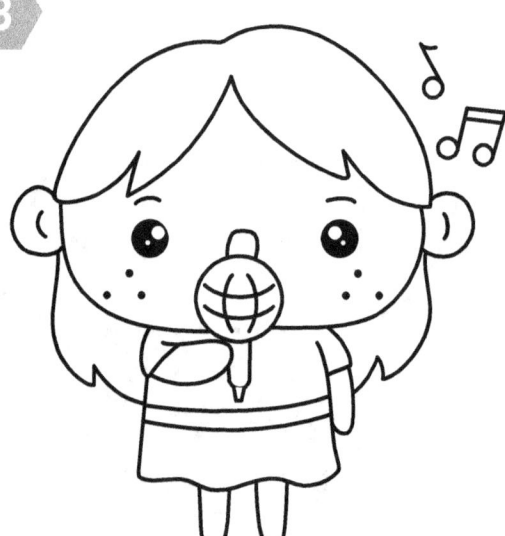

¡Hazla cantar! Incluye un micrófono y notas musicales

4

¿Qué tipo de música te gusta?

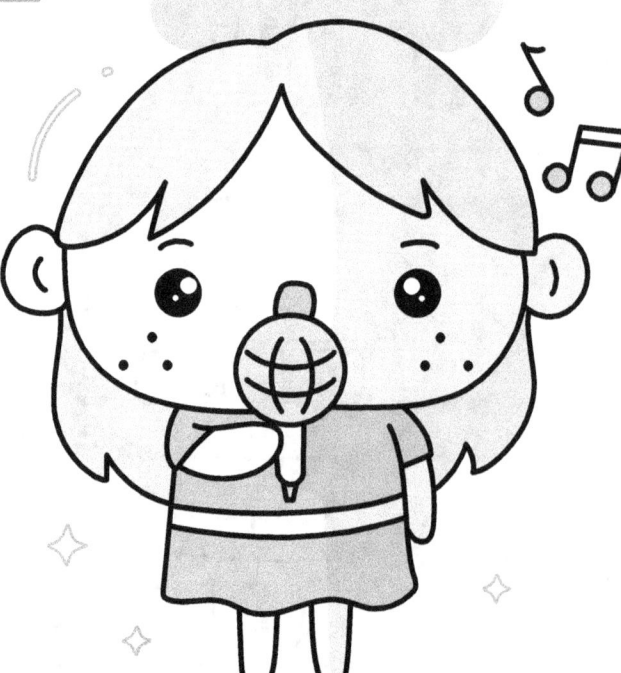

¡Píntala de colores alegres!

DETECTIVE

 1

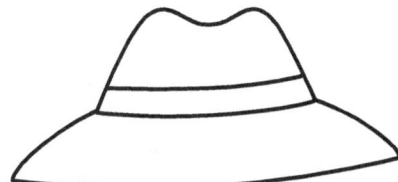

Dibuja la silueta de un sombrero con una cinta en medio

2

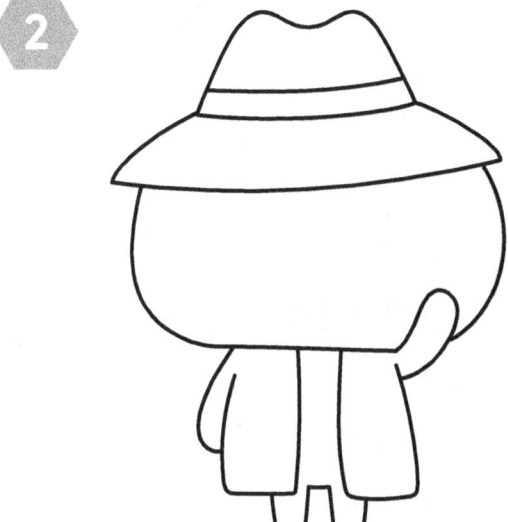

Sigue por el cuerpo y la gabardina

3

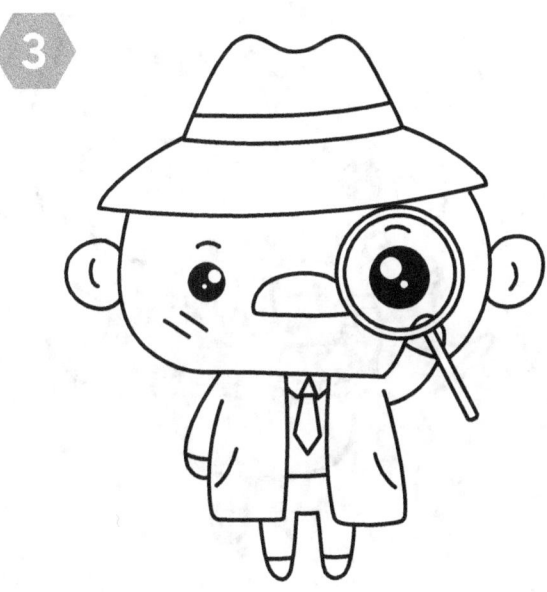

Haz el ojo que mira por la lupa más grande que el otro

4

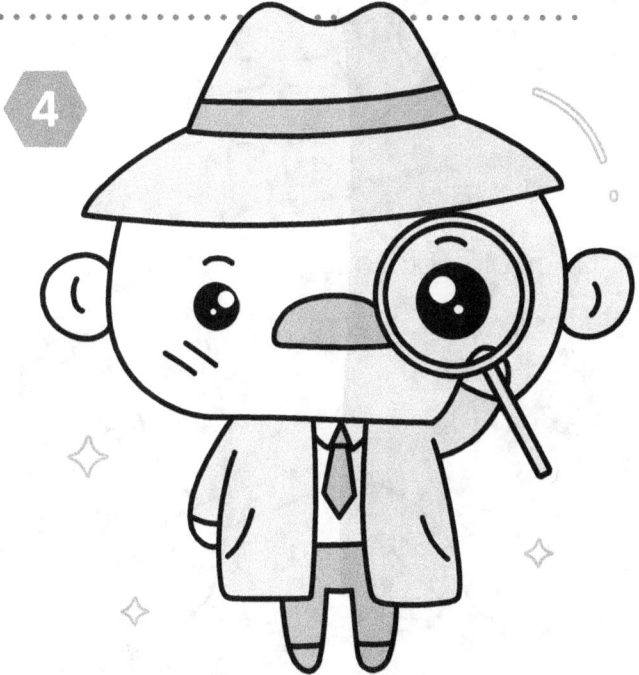

¡A pintar! El traje suele ser color café

Ayúdame a resolver este caso

PASTELERA

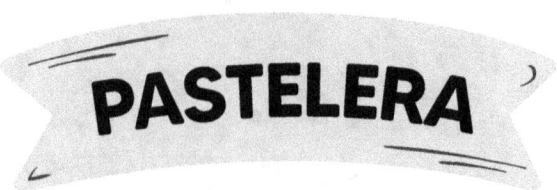

 1

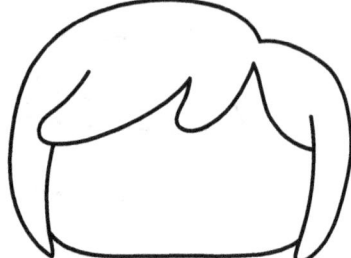

Péinala con un flequillo lateral

 4

Preparo tartas riquísimas

 2

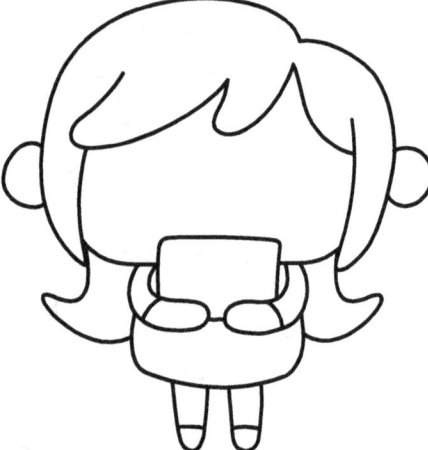

Dibújala abrazando un pastel rectangular

 3

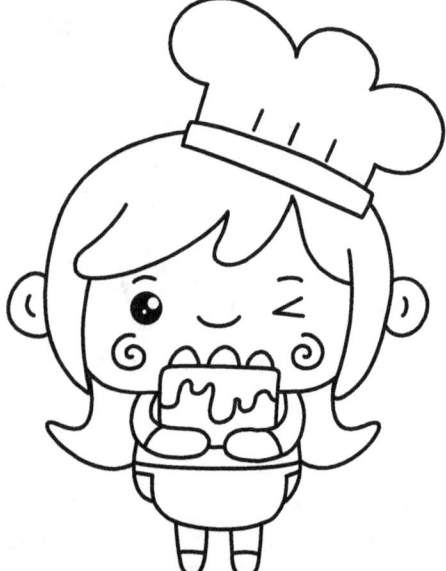

¡Falta el gorrito y los detalles!

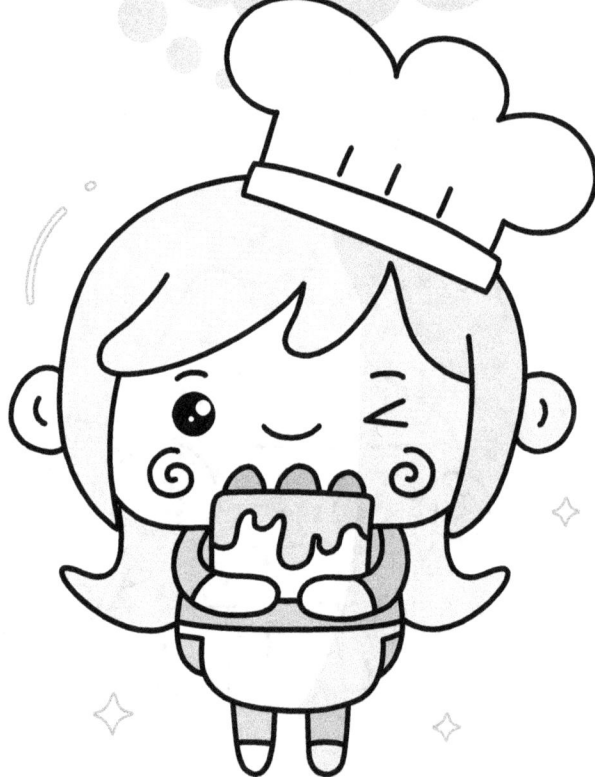

Píntala de colores divertidos

PEDIATRA

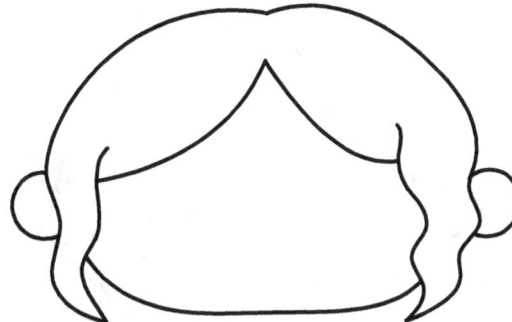

Dibuja el pelo con unos mechones colgando

2

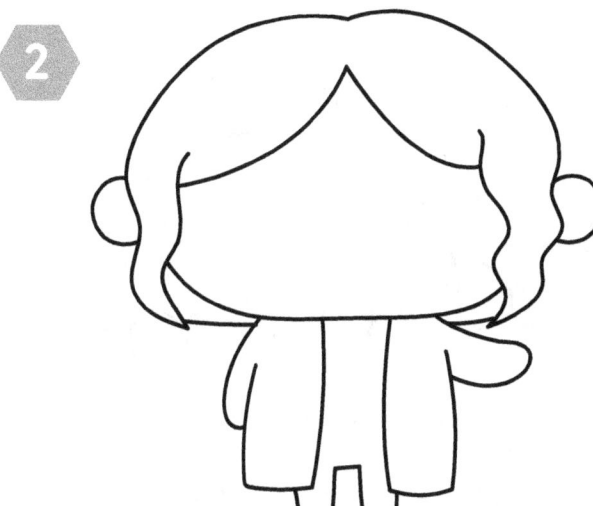

Agrega la bata de médico y 2 "U" para las piernas

3

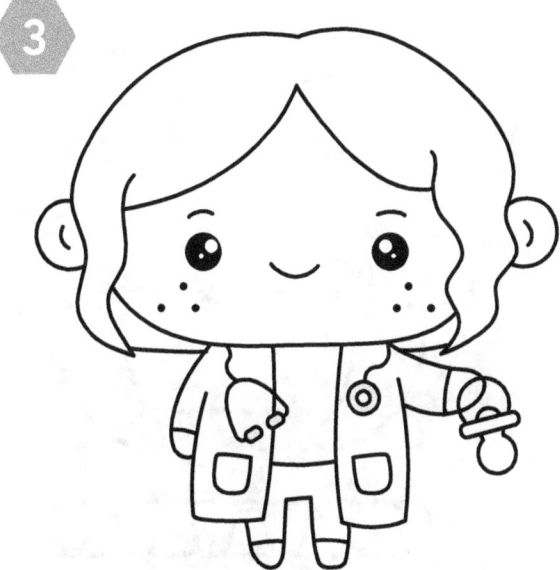

Faltan algunos detalles como el estetoscopio y el chupete

Cuido a los bebés y niños

4

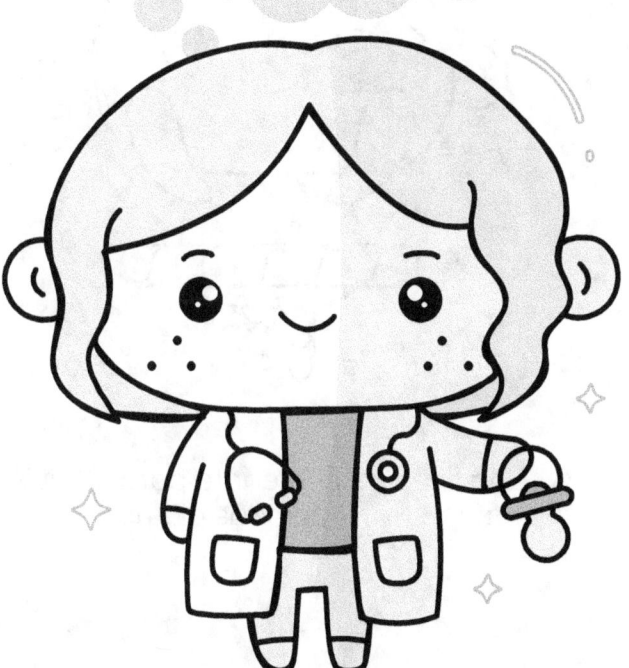

Recuerda que la bata va de blanco

BAILARINA

1

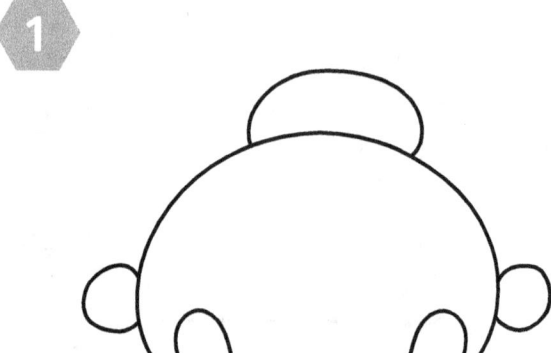

¡Muchos círculos! para la cabeza, orejas y moño

2

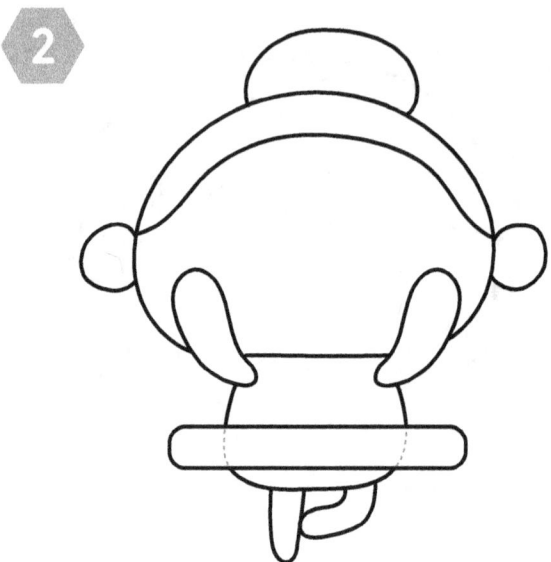

Añade un maillot y el tutú alargado

3

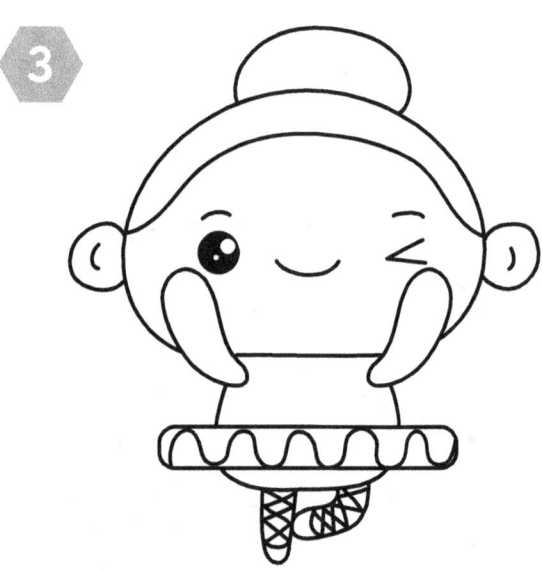

Una línea serpenteante para el tutú y muchas "X" para las piernas

4

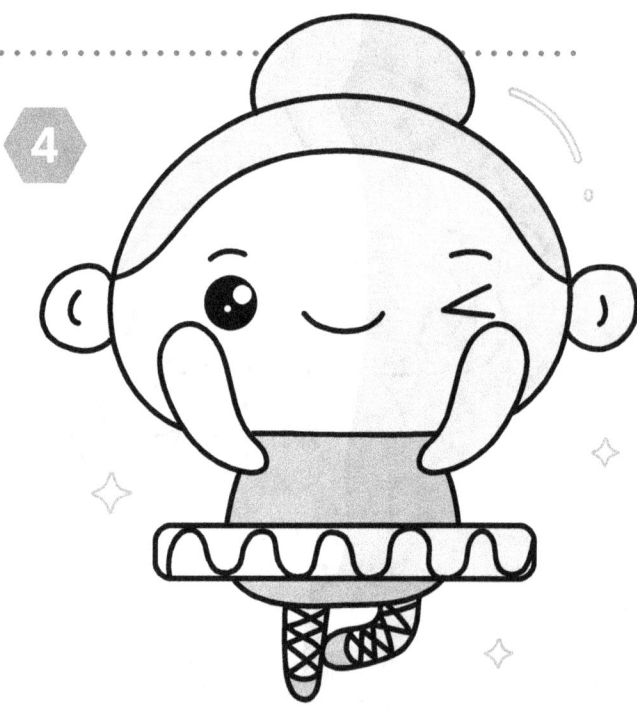

¡A pintar! ¿Qué te parece un traje rosa?

Expreso lo que siento bailando

ESCRITOR

 1

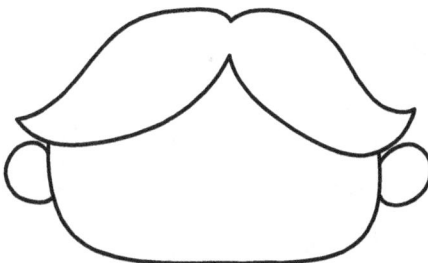

Dibuja un "bigote" sobre una base circular

2

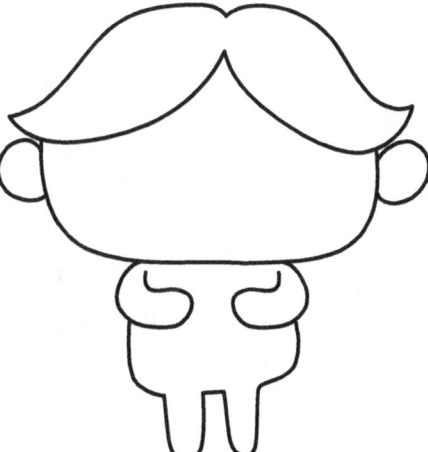

Contornea la silueta del cuerpo

3

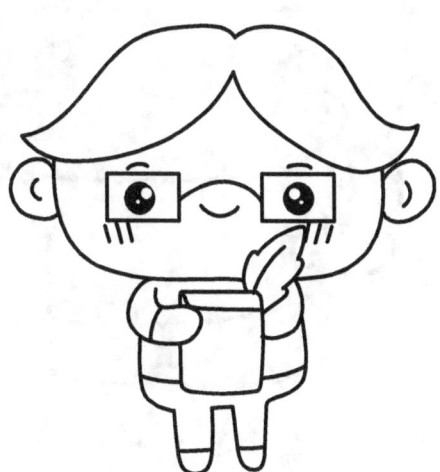

¡Es escritor! Añade un ilbro y una pluma

4

¿Qué tipo de libros te gusta leer?

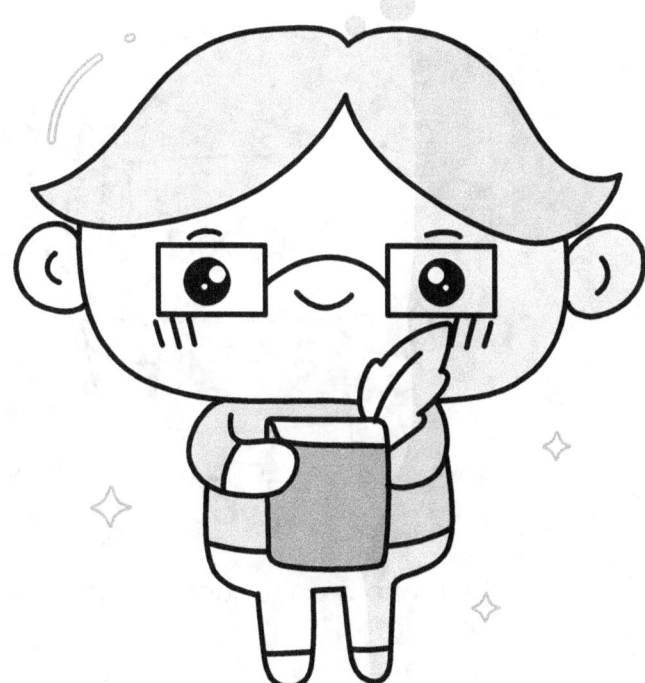

Agarra las pinturas ¡Y ponte creativo!

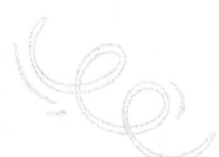

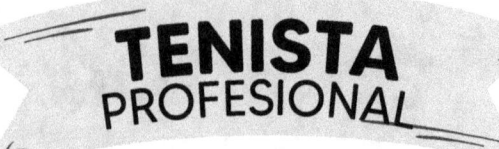

TENISTA PROFESIONAL

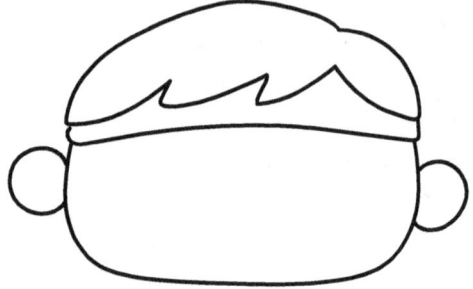

Dibuja un círculo irregular como base
y 2 pequeños en los extremos

Ahora el cuerpo con ambos brazos abiertos

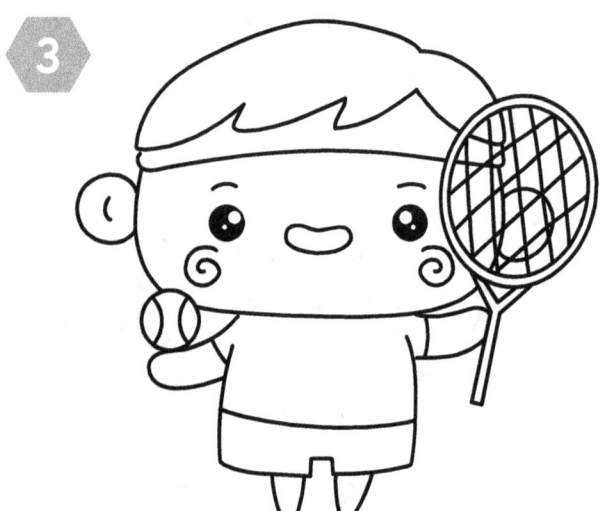

Dibuja una gran raqueta rallada
¡Y la pelota!

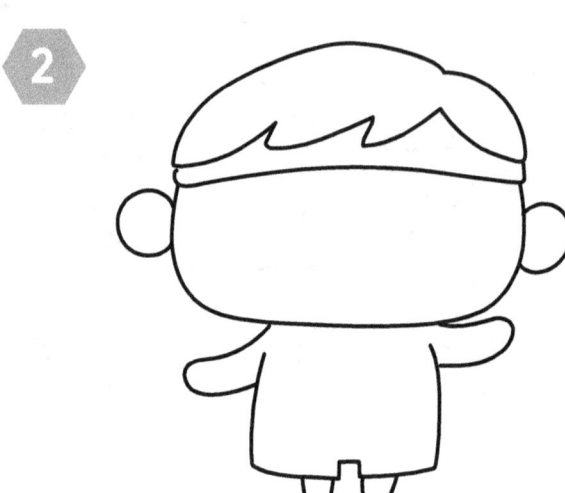

Mi hobbie es
mi profesión

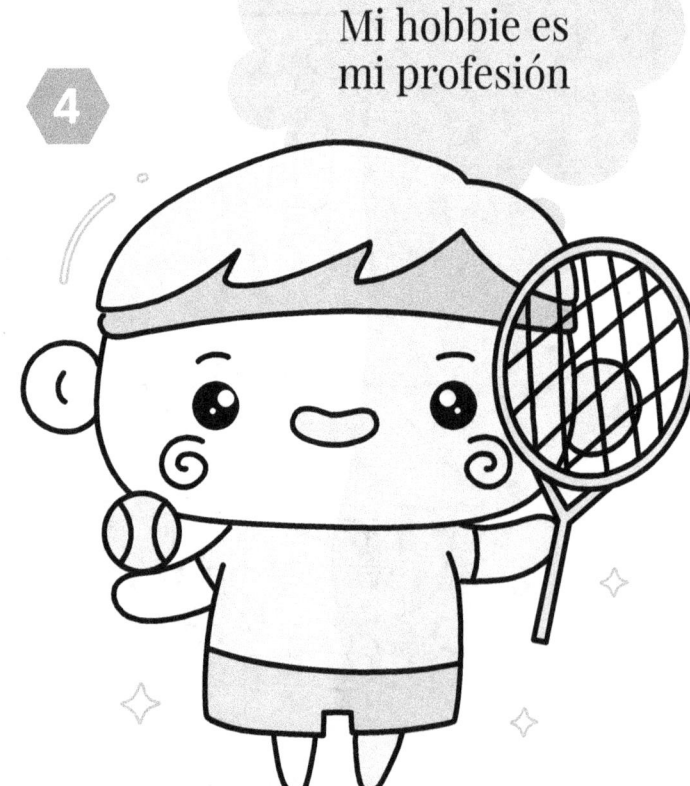

Es común que los tenistas vistan de blanco

AGENTE
DE TRAFICO

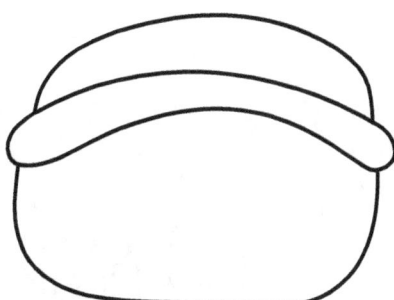

Crea una cabeza con gorra

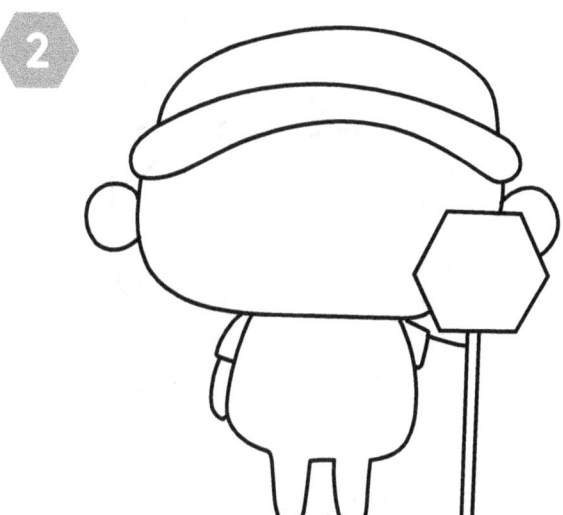

Dibuja el letrero a partir de un hexágono
y un rectángulo

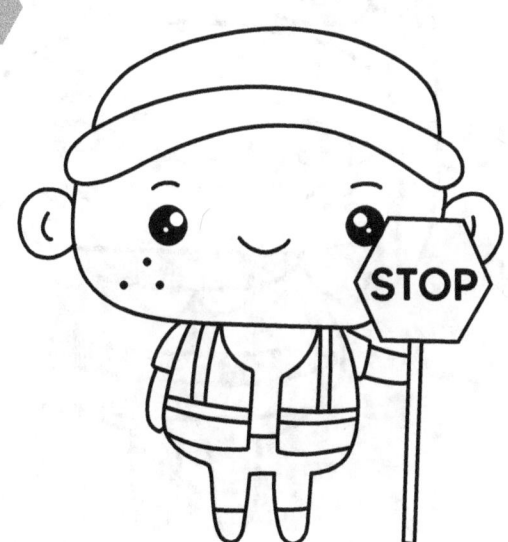

¡Importante! El chaleco reflectante

El letrero va de rojo y el chaleco amarillo

Regulo
el tráfico

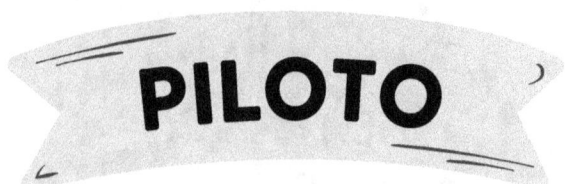

PILOTO

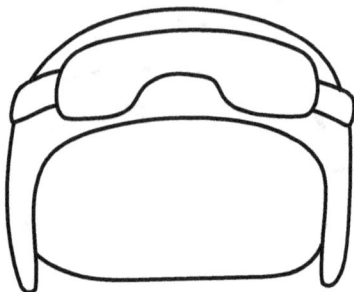

Dibuja un gorro de aviador con gafas

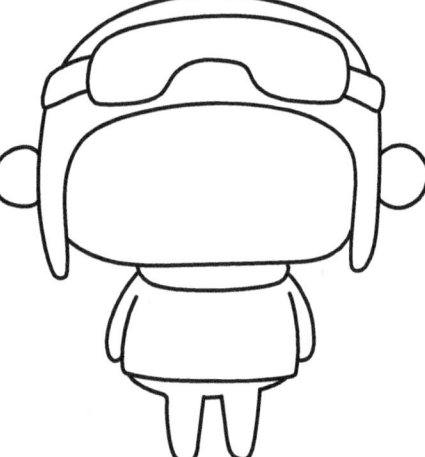

Continúa por abajo: el cuerpo

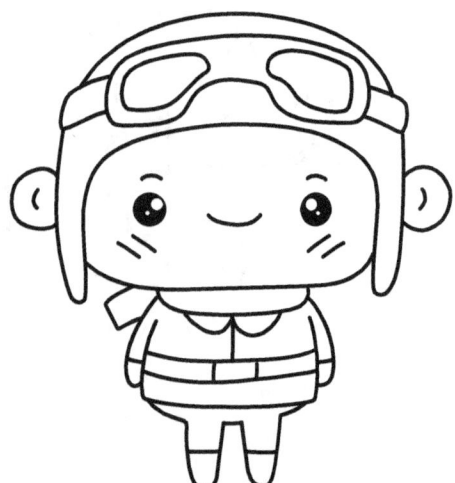

¡Personaliza los detalles! Cinturón, bufanda ...

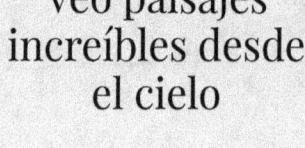

Veo paisajes increíbles desde el cielo

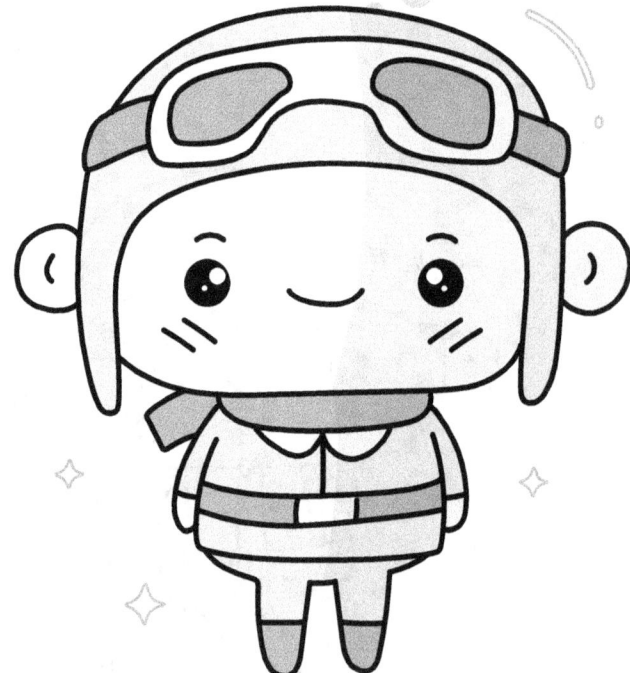

¡A pintar! ¿Usarás tonos cafés?

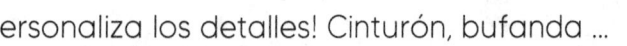

FONTANERO

1

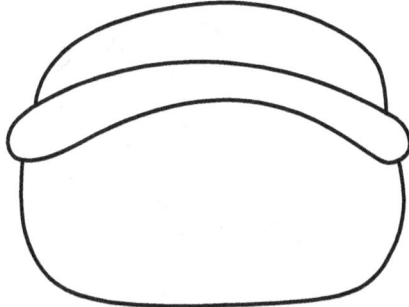

Crea 3 formas redondas y aplastadas para la cabeza

2

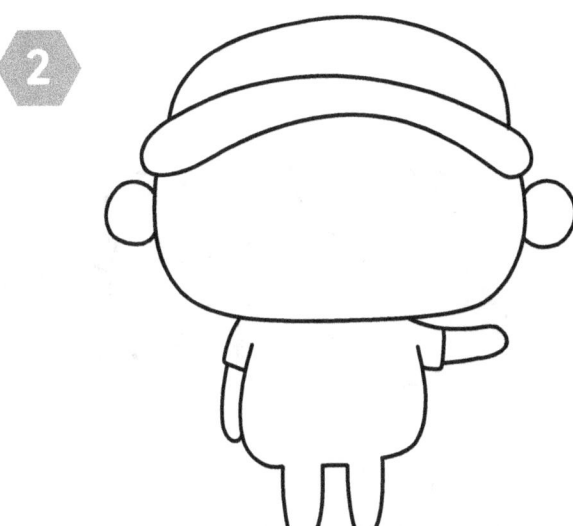

Prosigue por el cuerpo

3

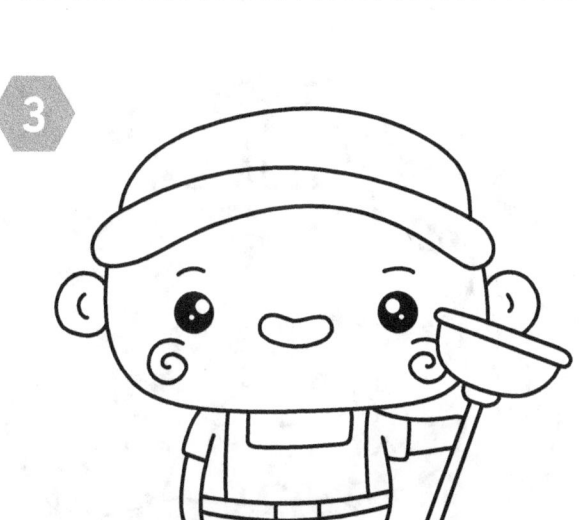

¡No te olvides el desatascador!

4

Instalo y reparo tuberías

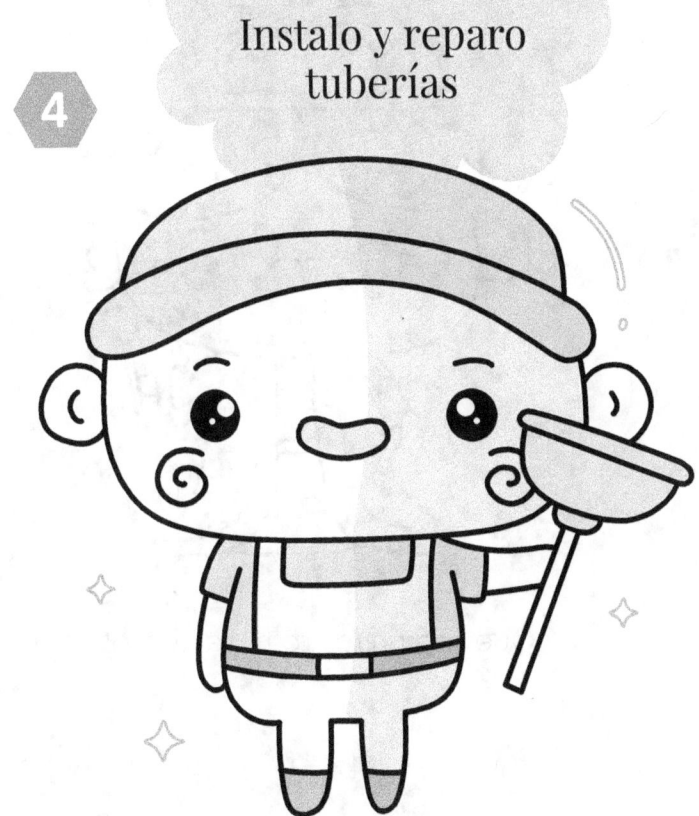

¡A pintar! El desatascador suele ser rojo

REY

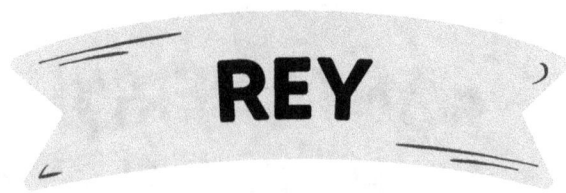

1

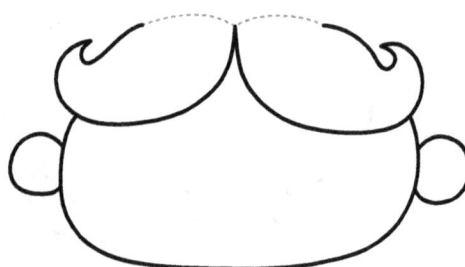

Haz la cabeza y el pelo en forma de bigote

2

Dibuja la corona al completo con una cruz en lo alto

3

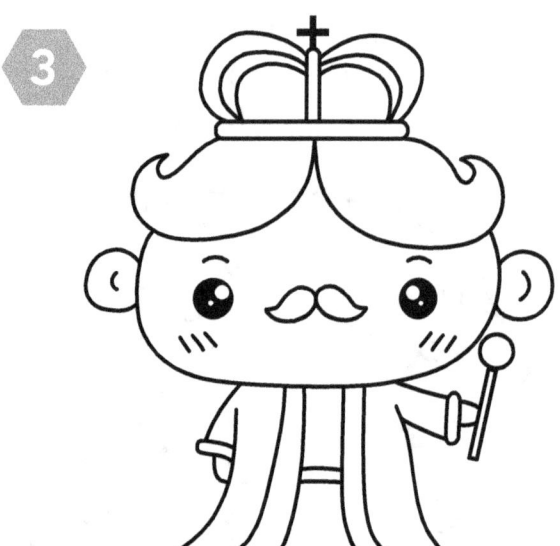

¡Que sea un rostro majestuoso!

4

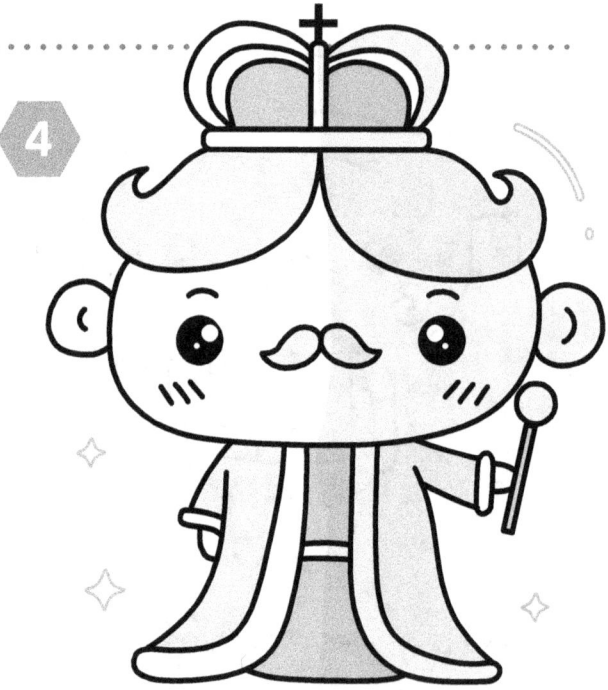

¿Qué tal un amarillo para la corona?

Un buen rey
protege a su pueblo

REINA

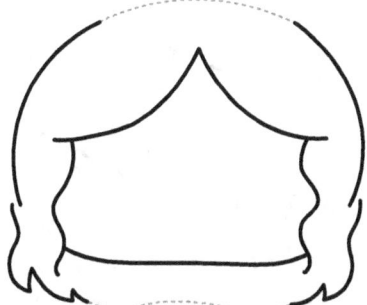

Dibuja la silueta de la cabeza

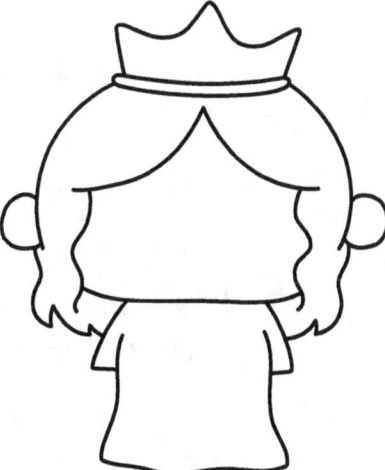

Añade el vestido y la corona

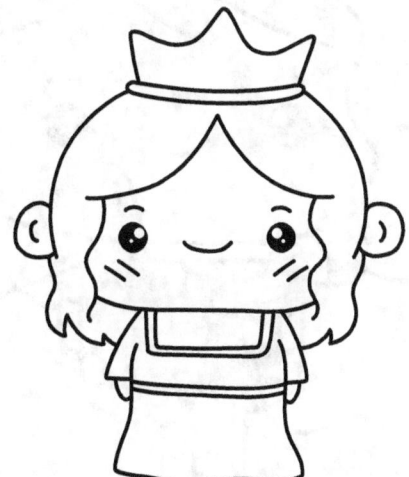

¡Y solo falta una carita feliz y la ropa!

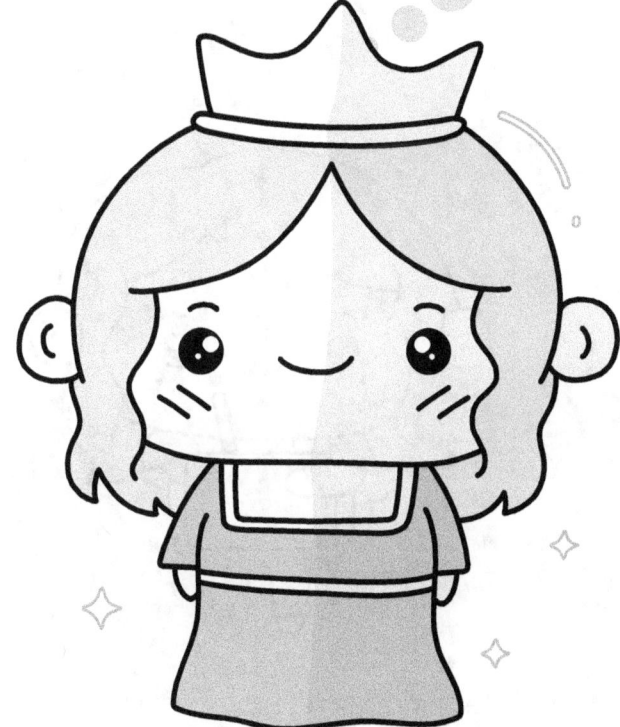

Represento unidad y tradición

¡A pintar! Ponte creativo

DISEÑADORA GRÁFICA

1

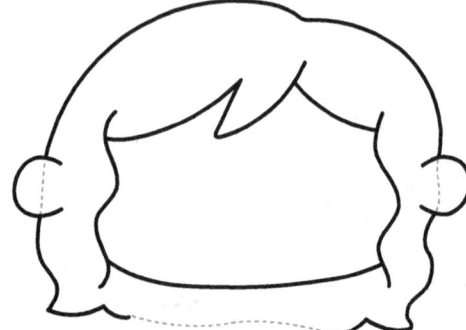

Dibújala con pelo suelto y 2 orejas sobresaliendo

2

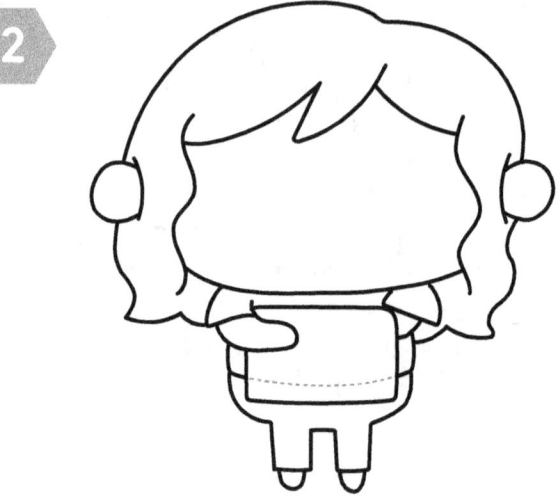

Un gran rectángulo en medio que será la tableta gráfica

3

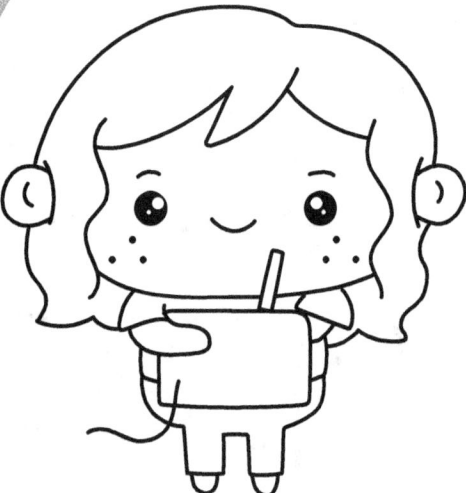

Termina con el lápiz táctil y unas bonitas pecas

4

Transformo tus ideas en diseños

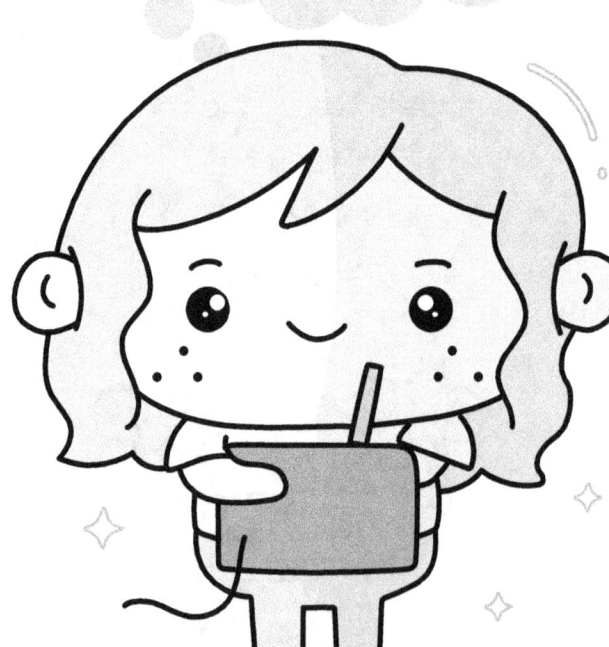

Es hora de pintar ¡Diviértete!

CHÓFER

1

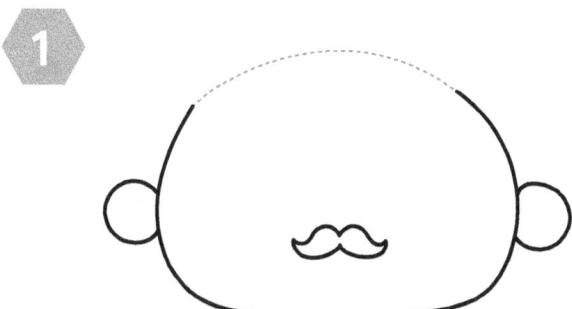

Comienza por una cabeza con bigote

2

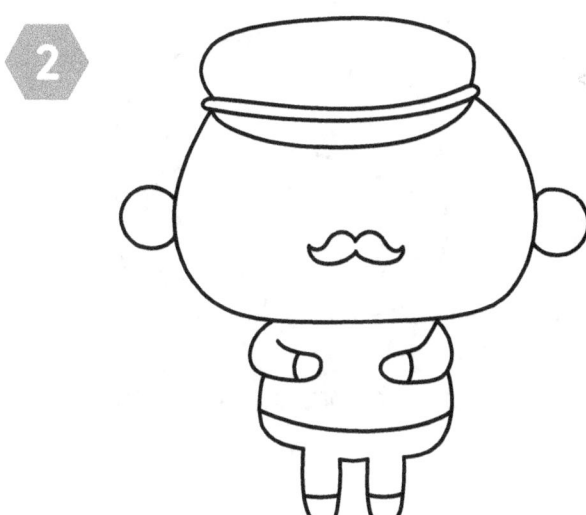

Añade una gorra con visera y el cuerpo

3

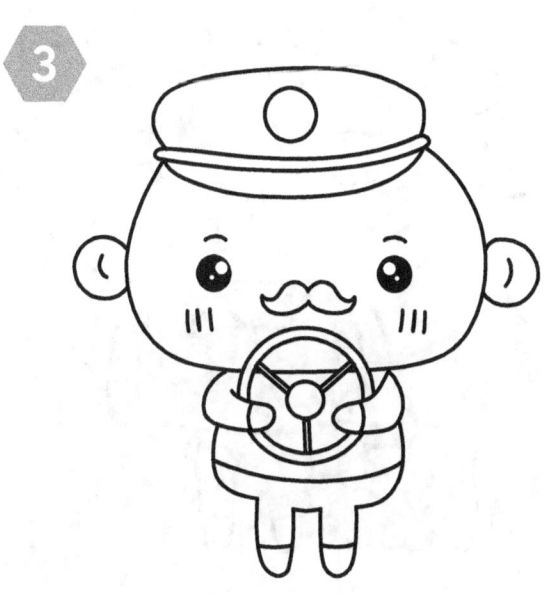

Falta el volante circular y unos
ojitos brillosos

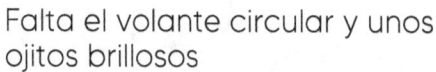

4

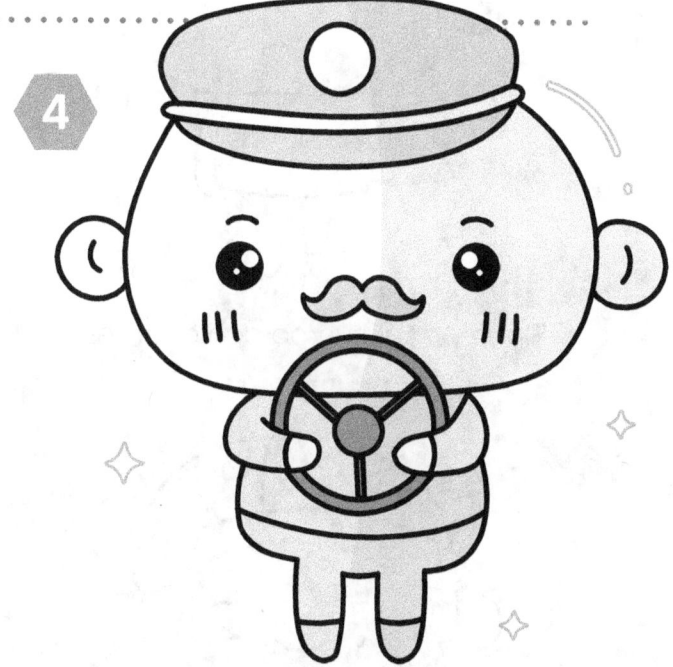

¡Pinta azul marino o negro el traje!

Te puedo llevar
a donde quieras

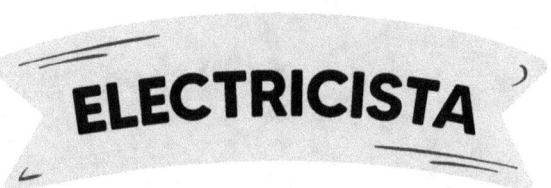

ELECTRICISTA

 1

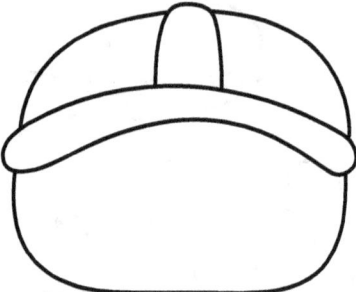

Dibuja todo formas redondeadas

2

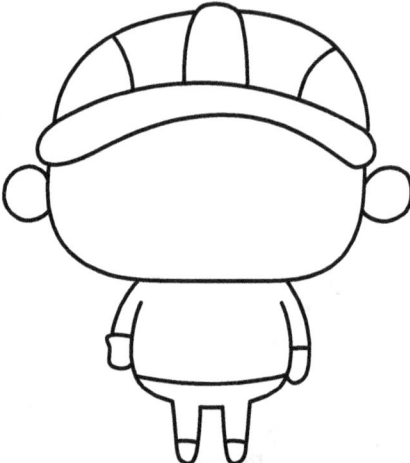

Sigue por el cuerpo con guantes

3

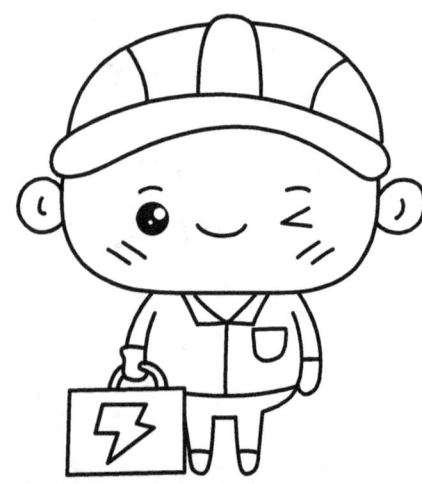

Ahora el maletín con un rayo

4

Ilumino y
doy energía
a tu hogar

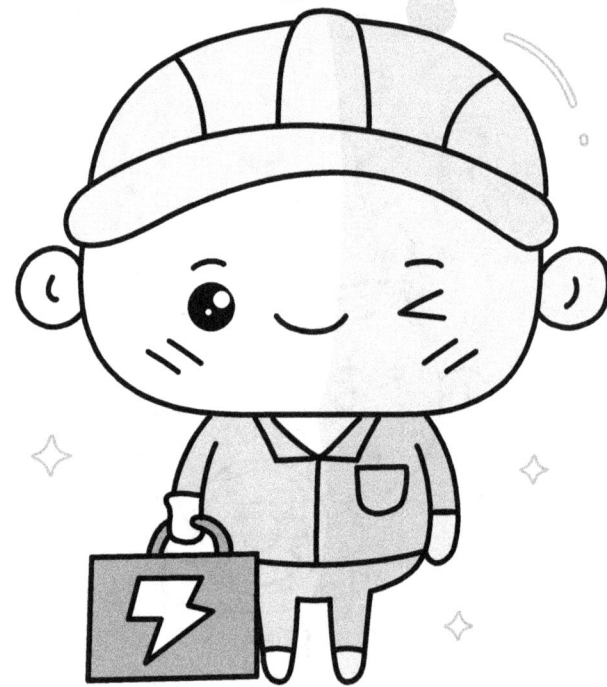

El casco suele ser amarillo y el traje azul

ZAPATERO

1

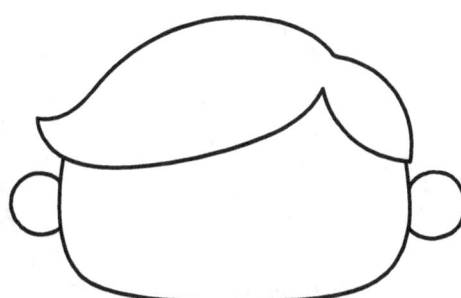

Al dibujar el flequillo, que sea clásico y repeinado

2

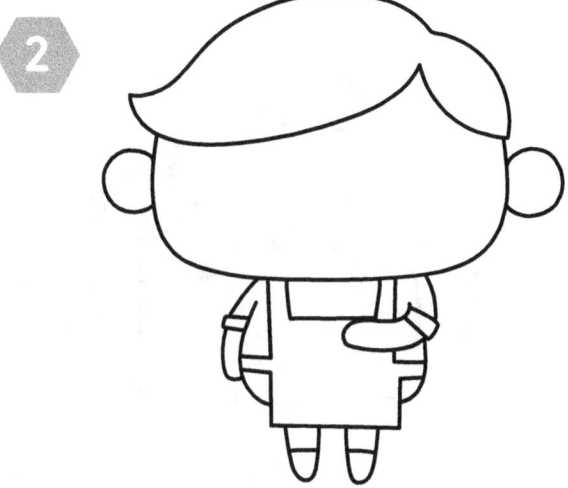

Ahora el cuerpo con delantal y un brazo hacia dentro

3

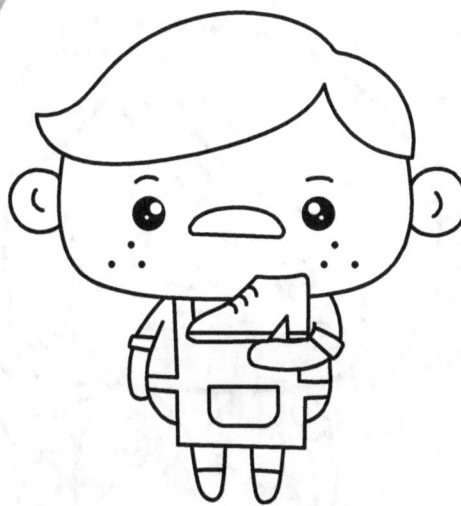

Lo más importante ¡El zapato! y un sencillo bigote

4

Doy una segunda vida a tus zapatos

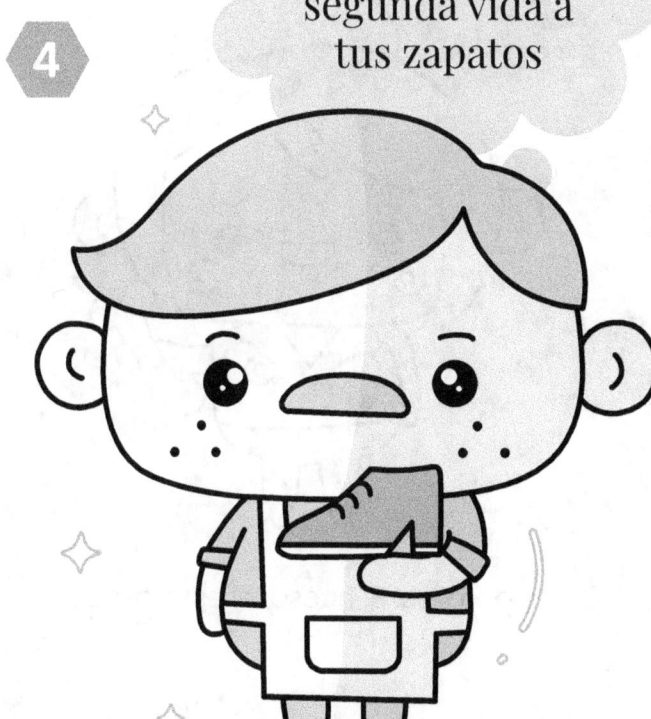

¡A pintar como tú quieras!

VETERINARIA

1

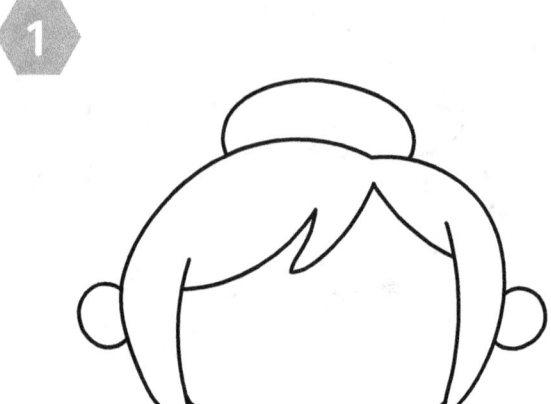

Dibuja una cabeza con moño y flequillo

2

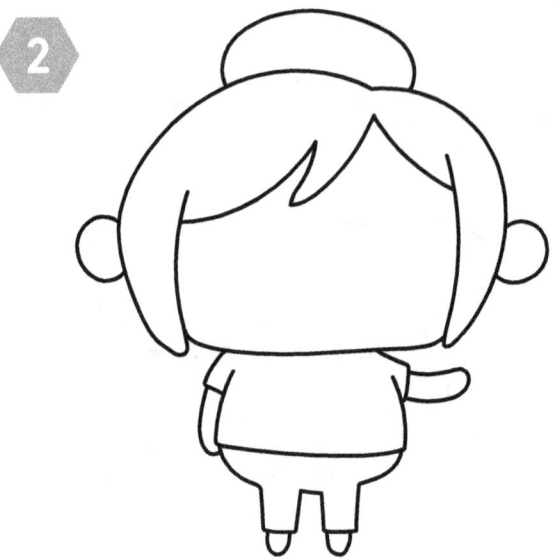

Empieza con el cuerpo

3

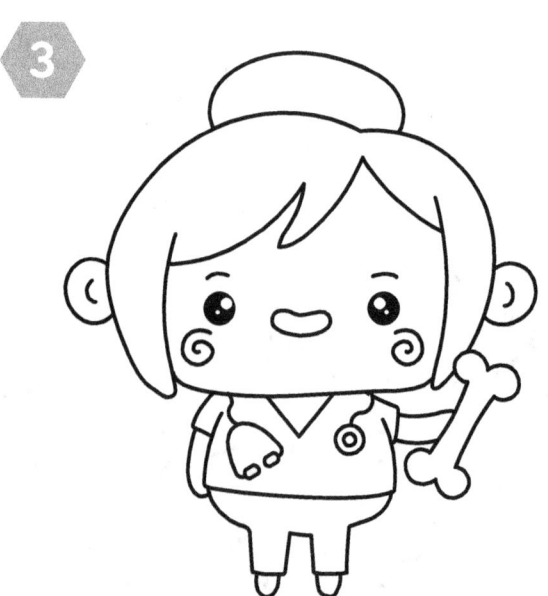

¡Y los detalles! El hueso, el estetoscopio ...

4

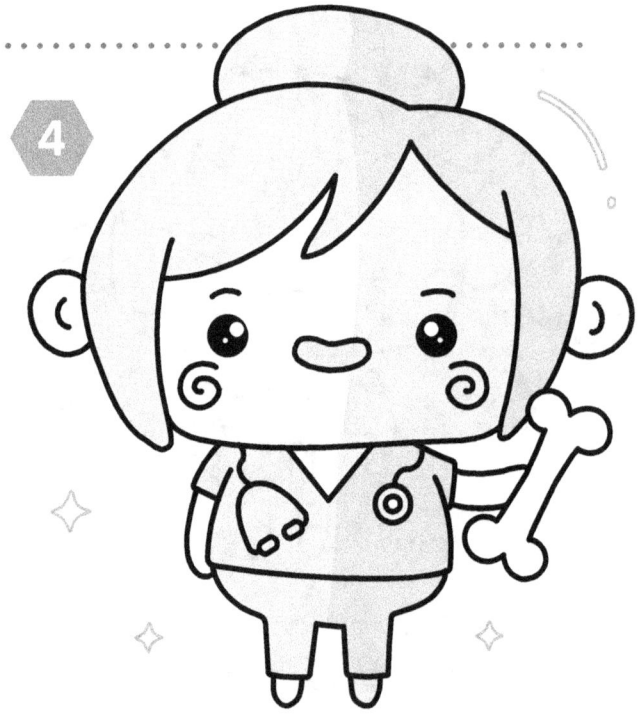

¡A pintar! ¿Qué tal un azul esmeralda?

¿Tienes alguna
mascota en casa?

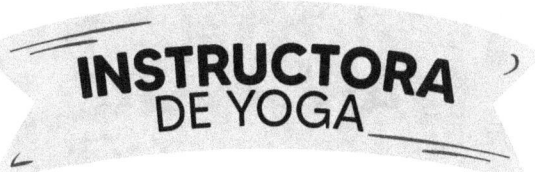

INSTRUCTORA
DE YOGA

1

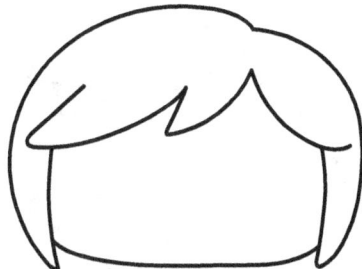

Dibuja la base de la cabeza con pelo

2

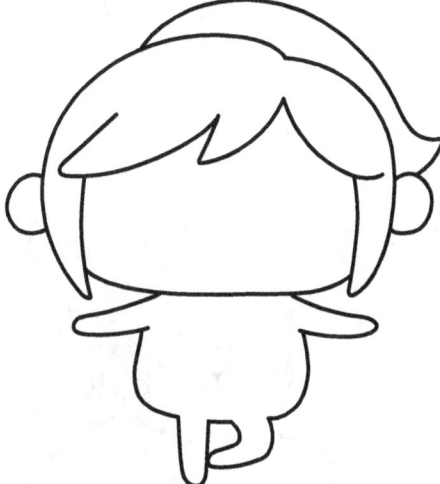

Ahora un cuerpo en movimiento

3

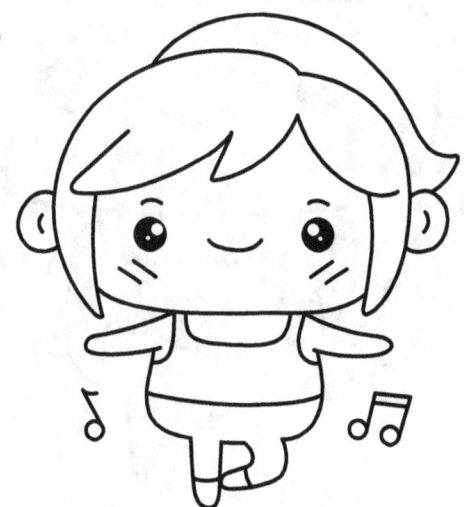

¡Y una carita que transmita felicidad!

4

El yoga es muy beneficioso ¿Te apuntas?

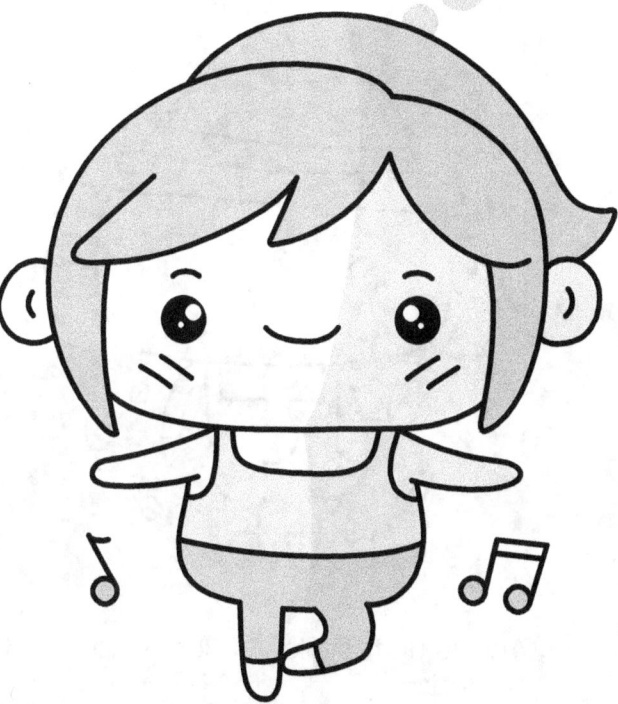

¡A pintar! Elige colores pastel

JARDINERO

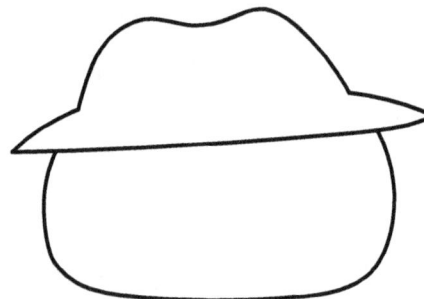

Crea la silueta de un sombrero con una curva debajo

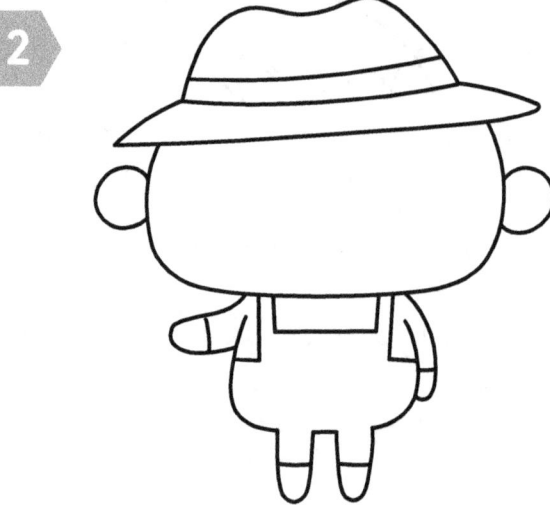

Al dibujar el cuerpo, vístele con un peto

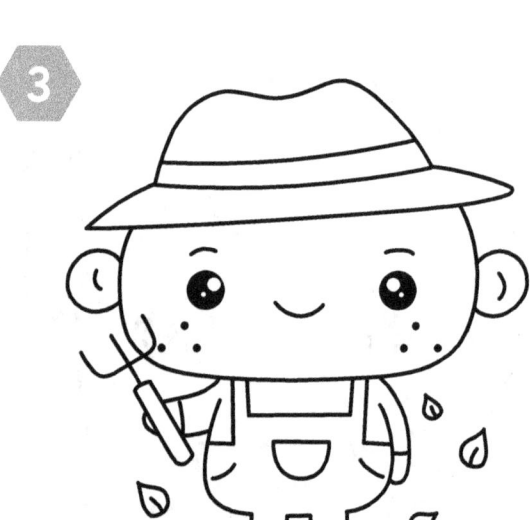

Añade un rastrillo y muchas hojas volando

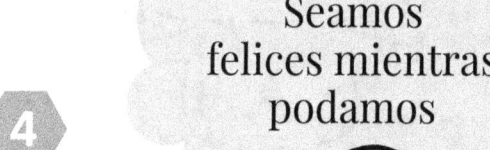

Seamos felices mientras podamos

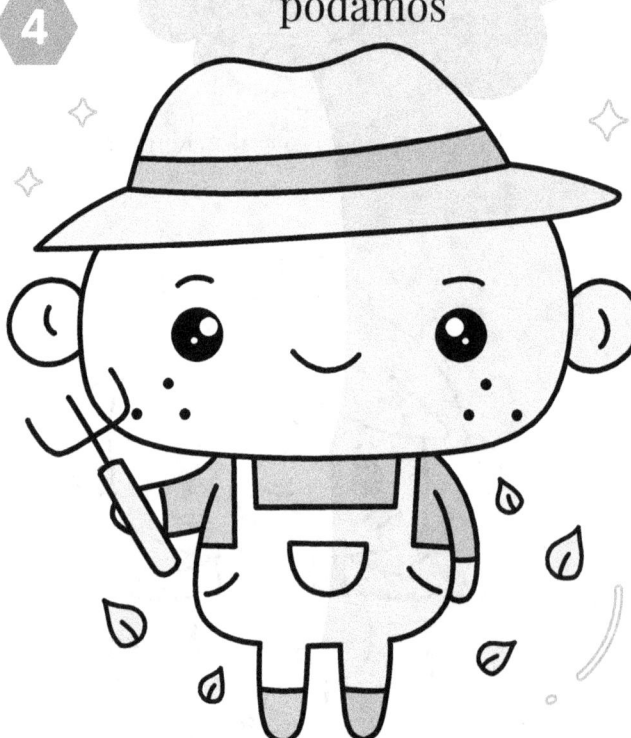

¡A pintar! Escoge un azul para el mono

ARQUITECTA

1

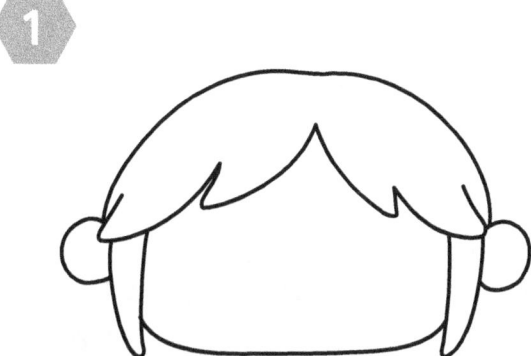

Empieza como siempre: cabeza y pelo

2

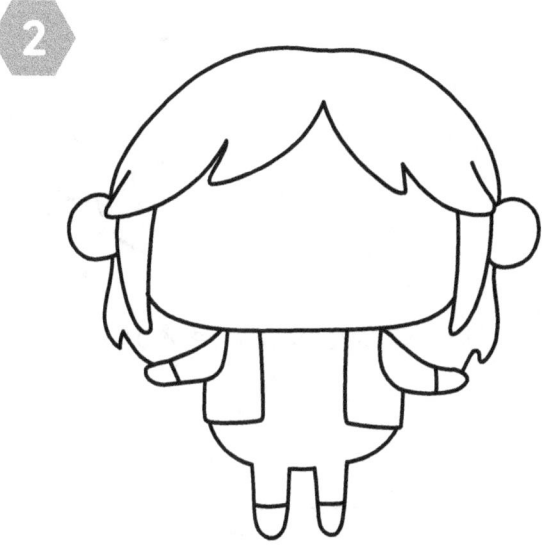

Ahora la silueta del cuerpo con chaleco

3

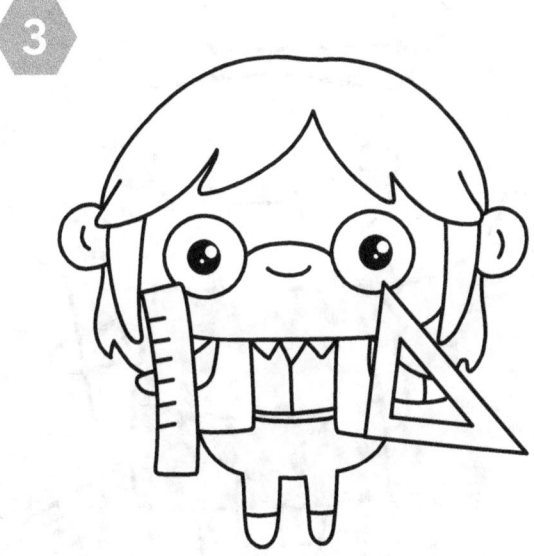

No olvides la regla y la escuadra
¡Exagera los tamaños!

4

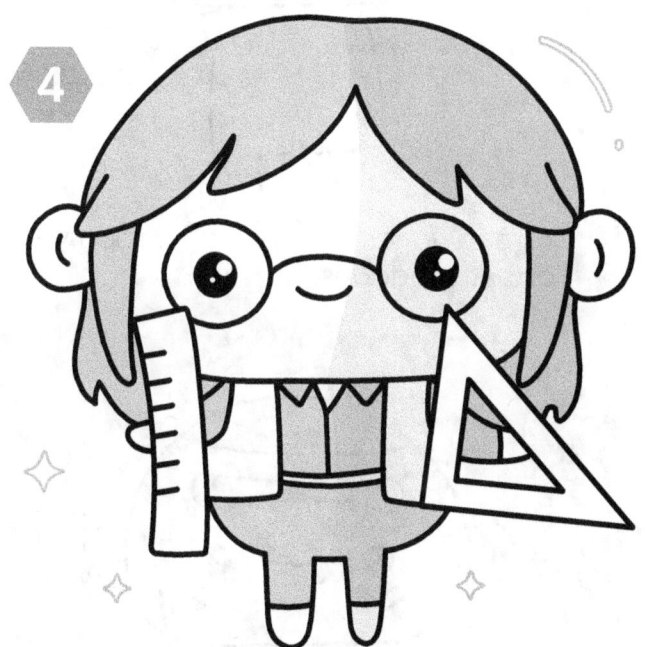

Te recomiendo colores variados

Diseño edificios
sin errores

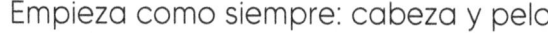

GOLFISTA

1

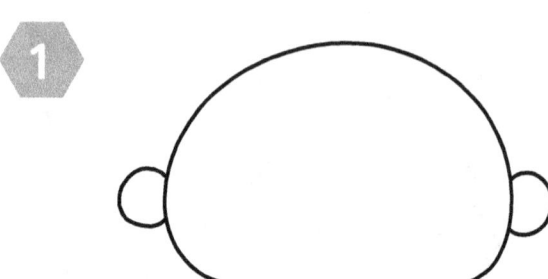

¡Hazle calvo! y añade 2 orejas

2

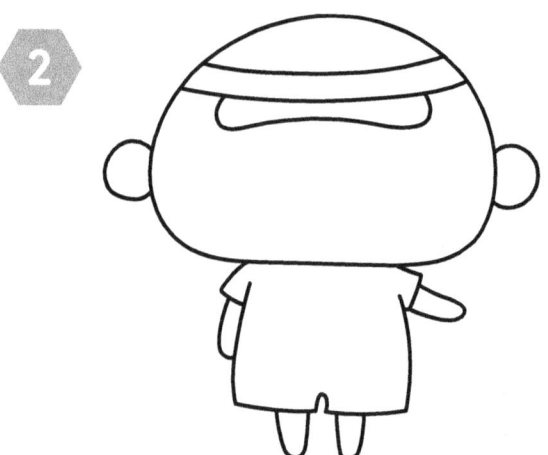

Agrega varias líneas para la ropa y las extremidades

3

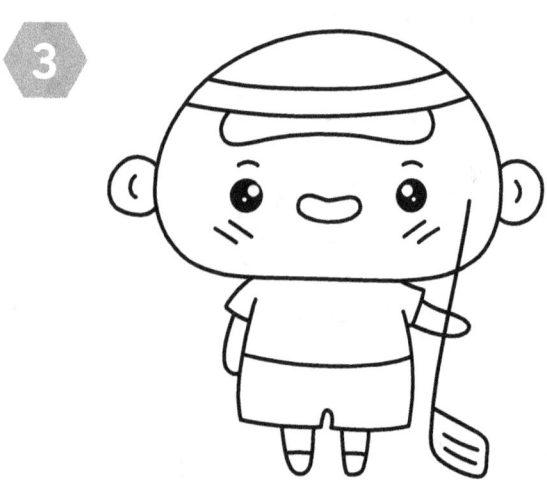

¡Importantísimo! El palo de golf y la visera

4

En el campo, cada golpe cuenta

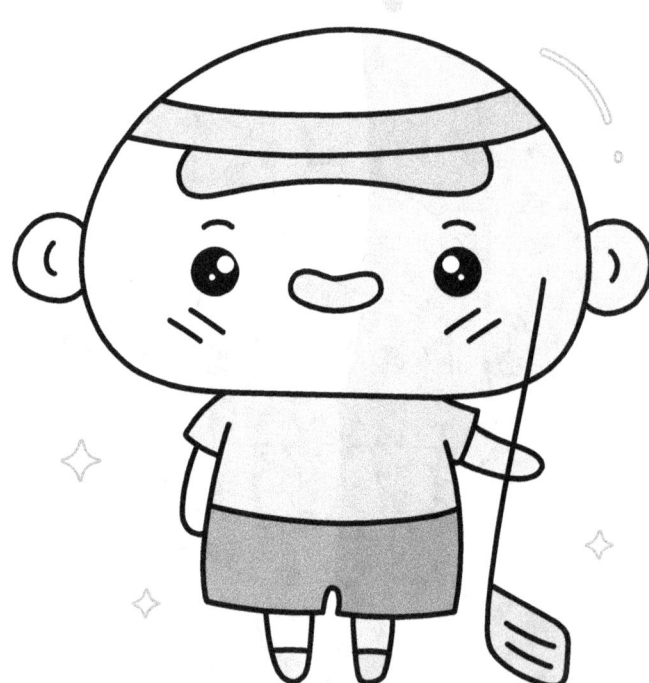

¡A pintar! Usa colores veraniegos

JOYERO

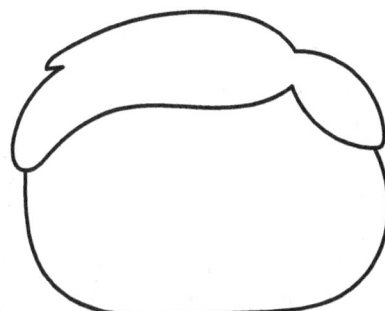

Crea una cabeza con un cabello bien peinado hacia un lado

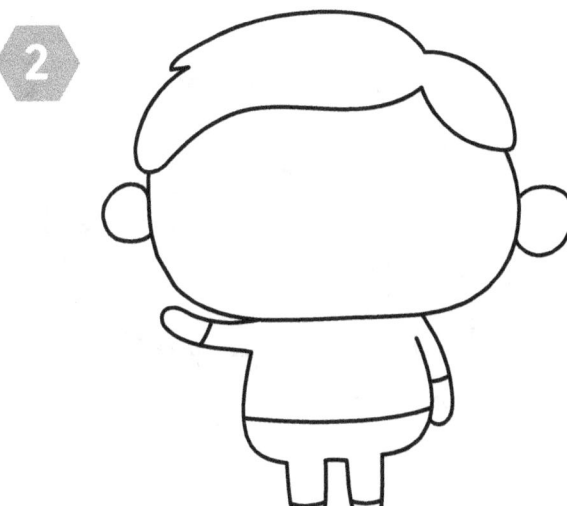

Dibuja ropa normal, luego iremos a los detalles

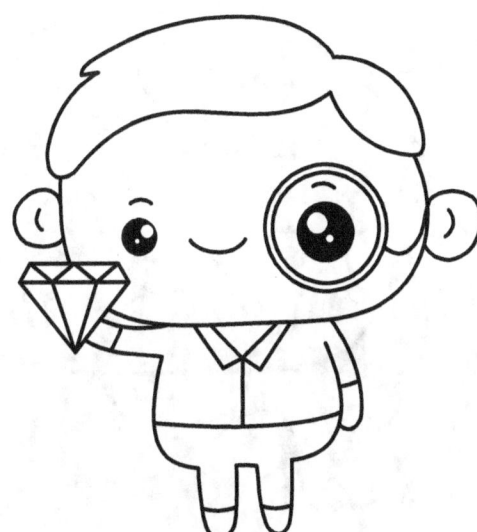

Añade un diamante, un monóculo y un ojo más grande que otro

Cada joya cuenta una historia

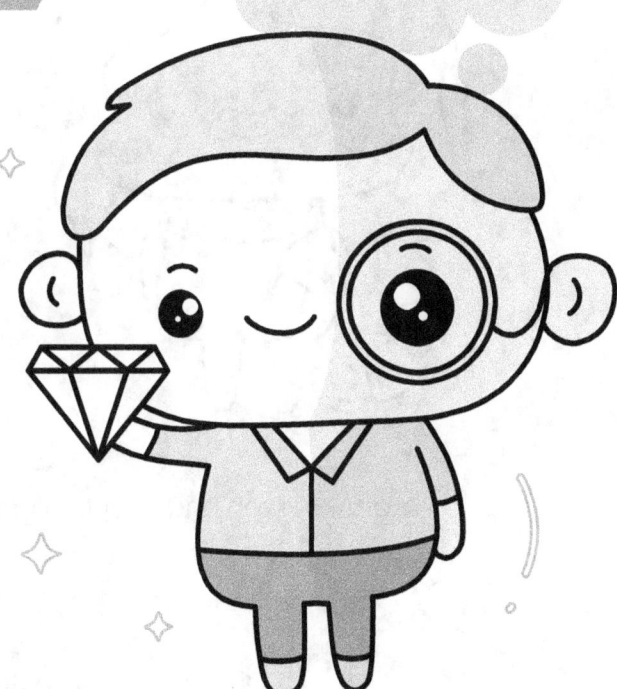

¡A pintar! Utiliza colores elegantes

SOCORRISTA

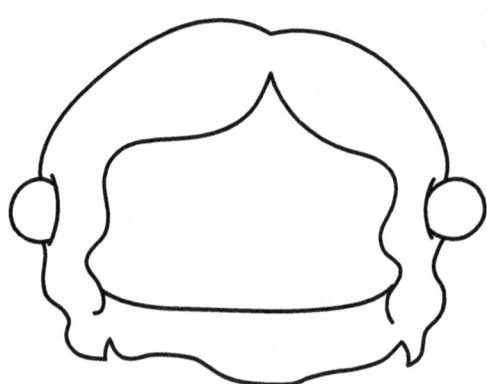

Haz una melena suelta con flequillo abierto

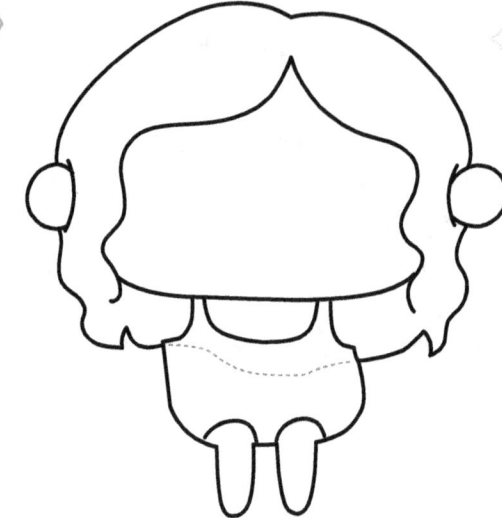

Dibuja el bañador y las 2 piernas

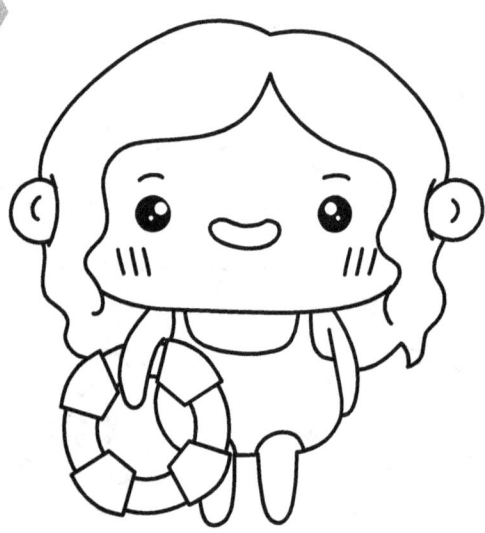

Ahora los brazos sosteniendo un flotador

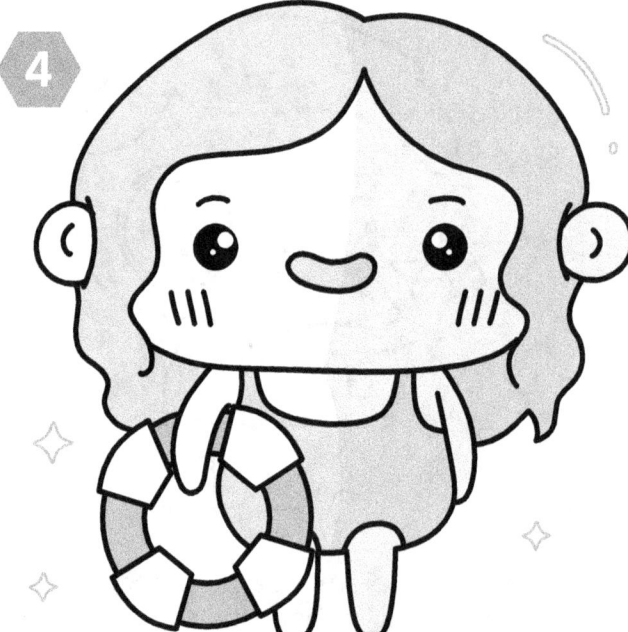

¿De qué color pintarás el bañador?

Estoy en playas y piscinas

PIRATA

 1

Dibuja 2 gusanitos con un sombrero arriba

2

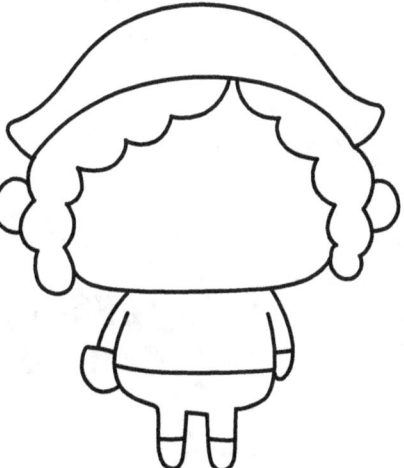

Ahora la silueta del cuerpo

3

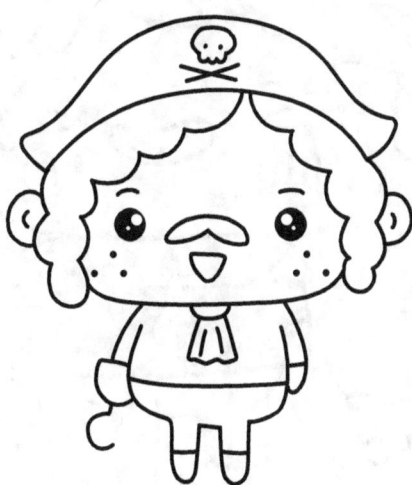

Termina el garfio y añade bigote, perilla y una calavera de pirata

4

Navego mares en busca de tesoros

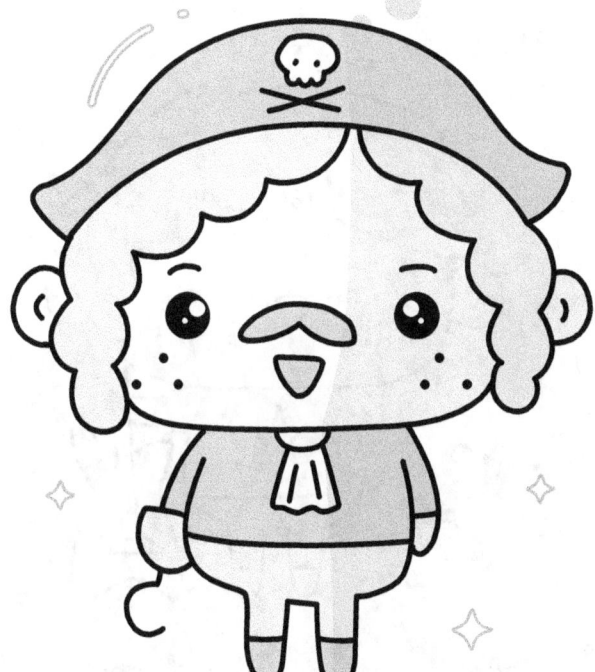

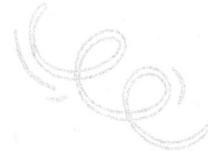

¡A pintar! Usa colores divertidos

ROCKERO

1

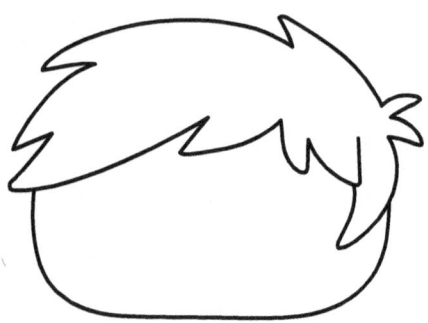

Dibuja una cabeza con un pelo alocado

2

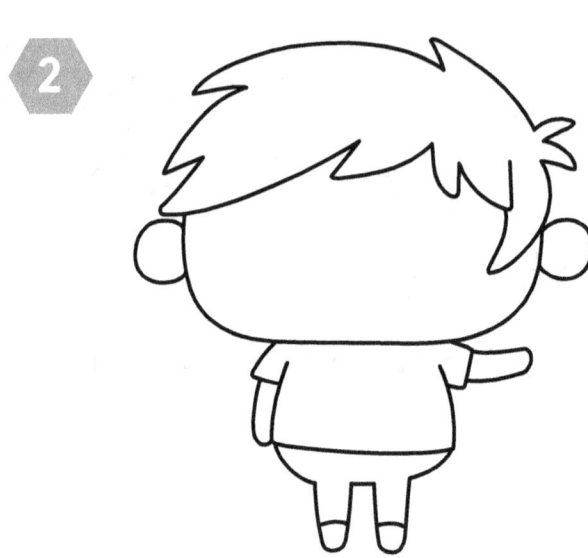

Añade una camiseta y el pantalón

3

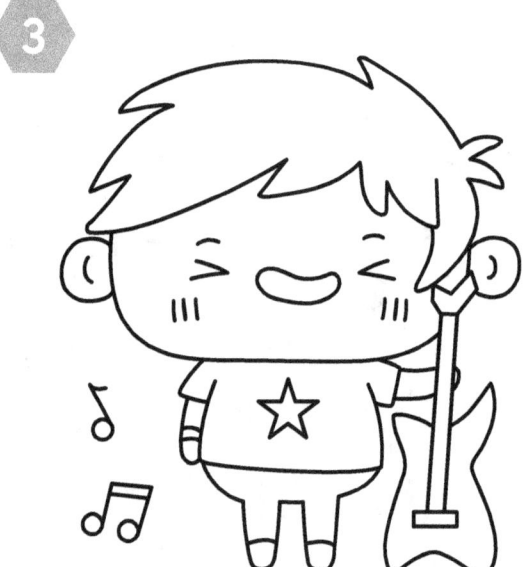

Ahora la guitarra, un dibujo chulo en la camiseta y las notas musicales

4

¿Guitarra, bajo o batería?

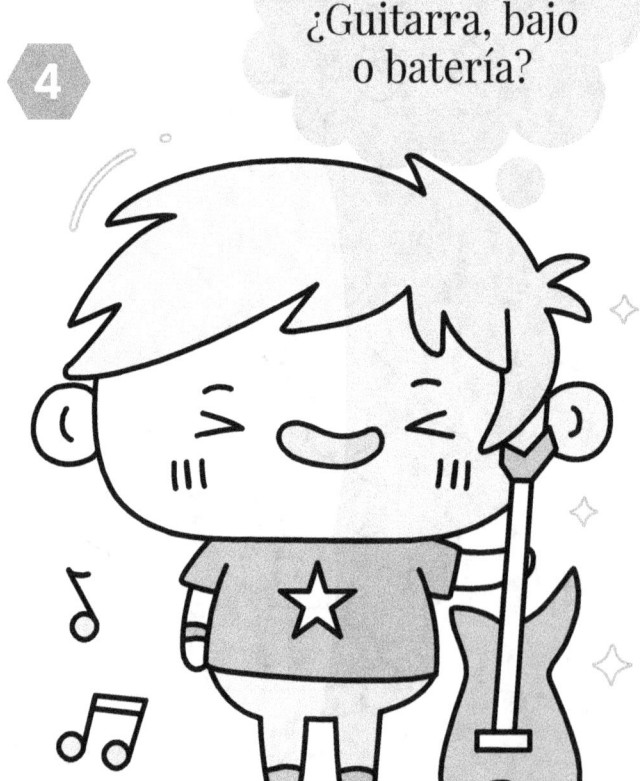

¡A pintar! El negro domina entre los roqueros

CINEASTA

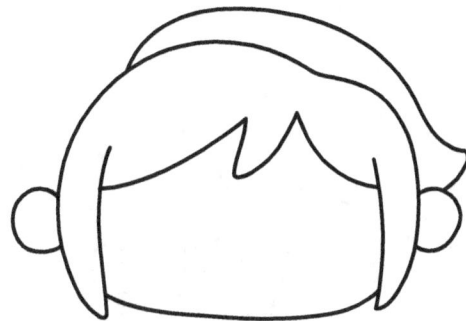

Dibuja la cabeza con flequillo y coleta

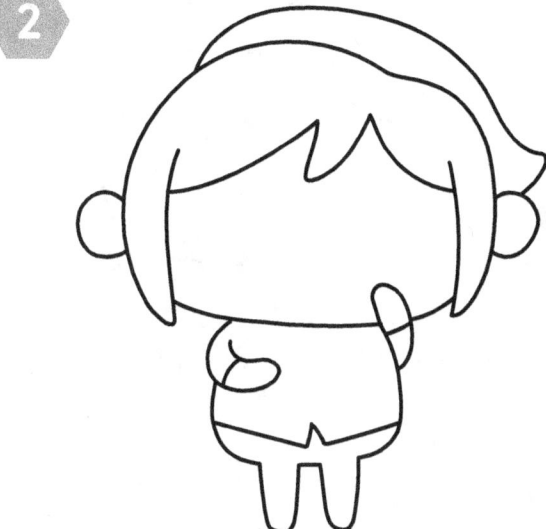

Continúa con el cuerpo con un pico en la camisa

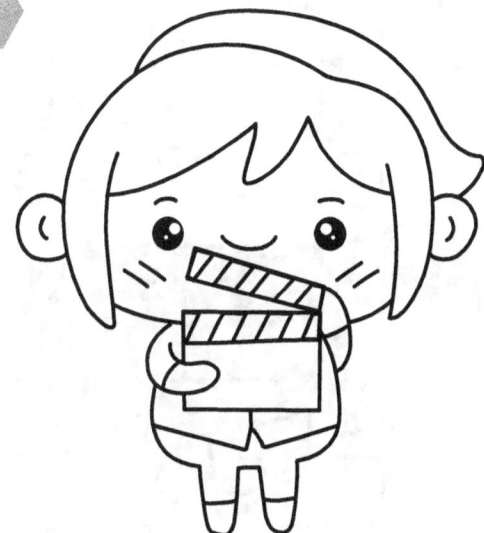

¡Acción! Falta la claqueta y los detalles

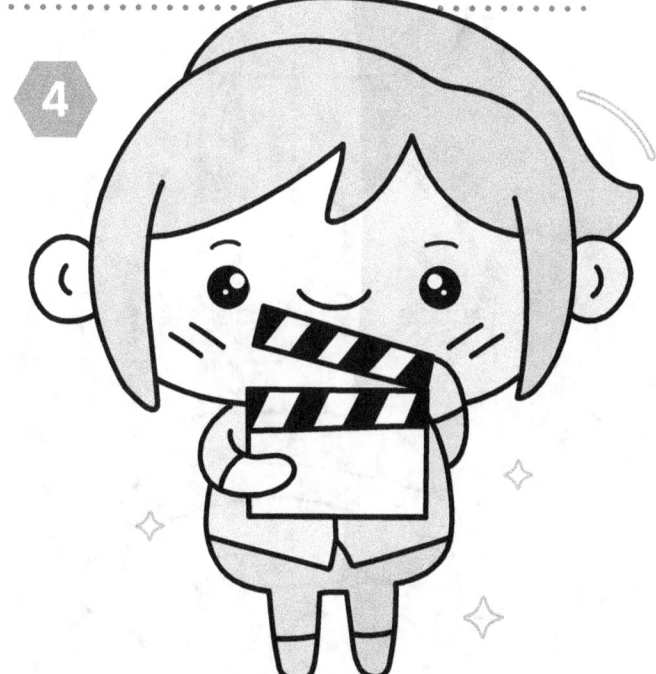

La claqueta es negra y blanca

¿Cuál es tu
película favorita?

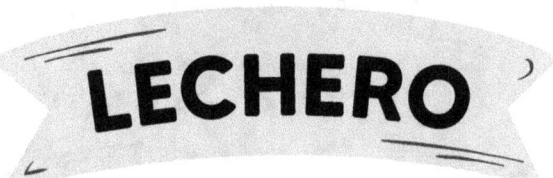

LECHERO

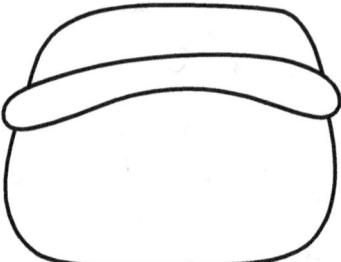

Dibuja 3 formas redondeadas

Reparto
leche fresca
cada mañana

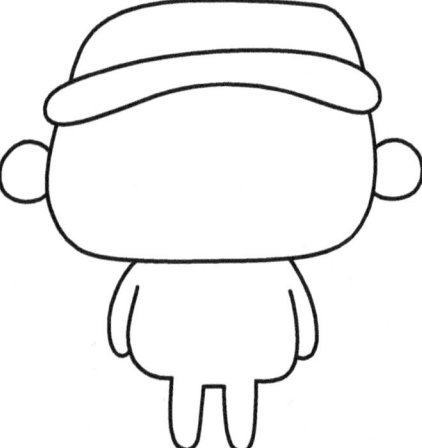

Añade la silueta del cuerpo

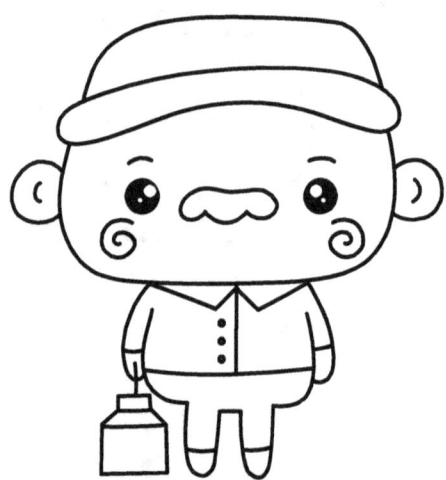

El bigote tiene forma de gusano

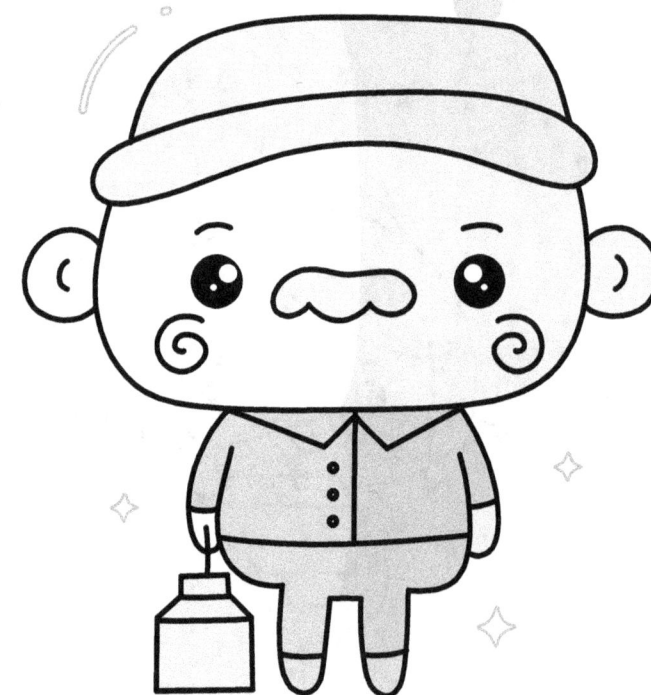

¡A pintar! ¿Qué color prefieres?

VIGILANTE

1

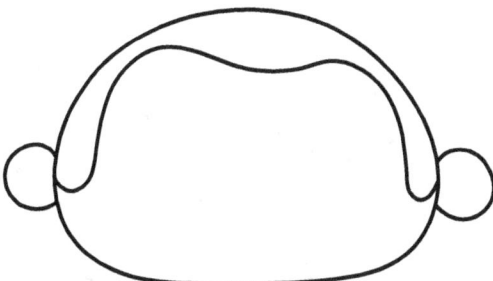

Dibuja 3 círculos aplastados y un pelo rapado con una curva irregular

2

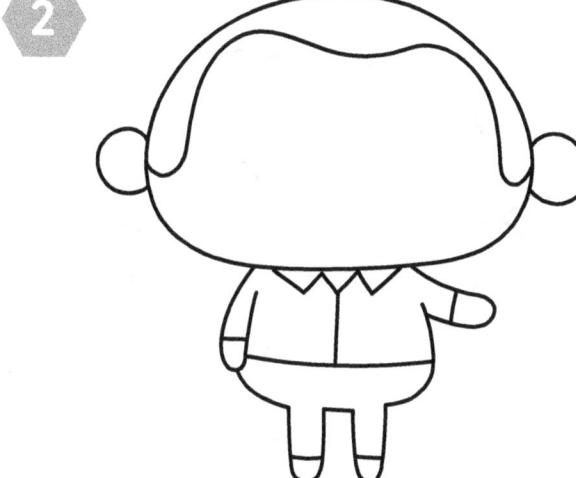

Al hacer la ropa, dibuja 3 triángulos para simular la camisa

3

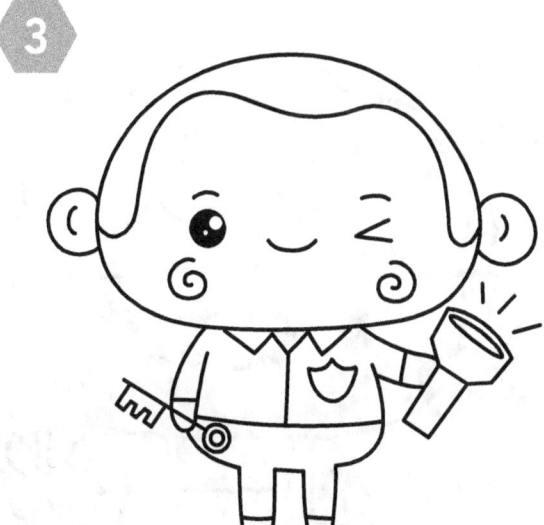

Incluye una gran llave y una linterna encendida

4

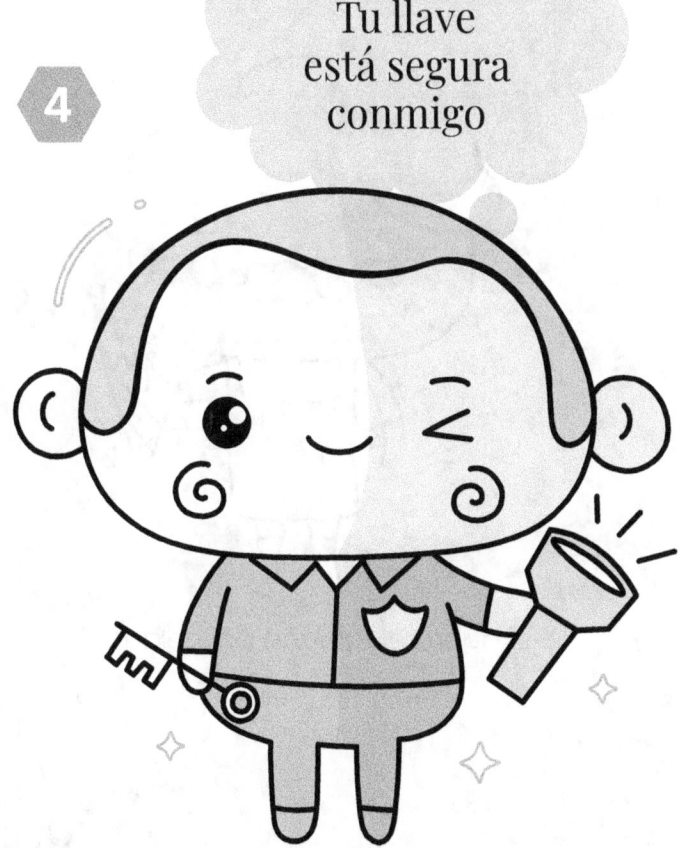

Tu llave está segura conmigo

Utiliza colores discretos como el azul marino

HELADERO

1 Dibuja un pelo en forma de nube

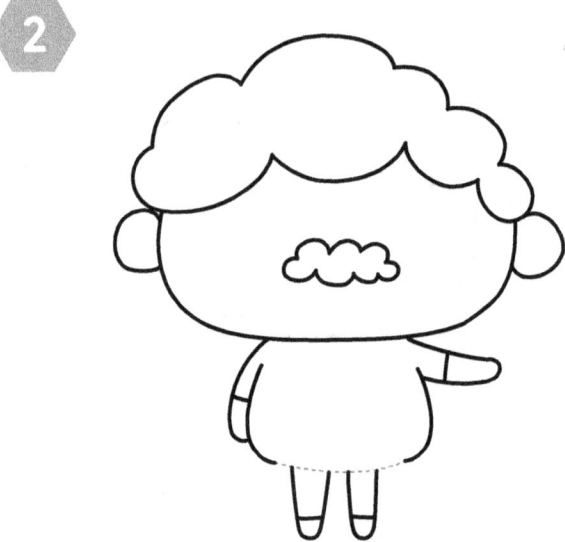

2 El cuerpo y otra nube para el bigote

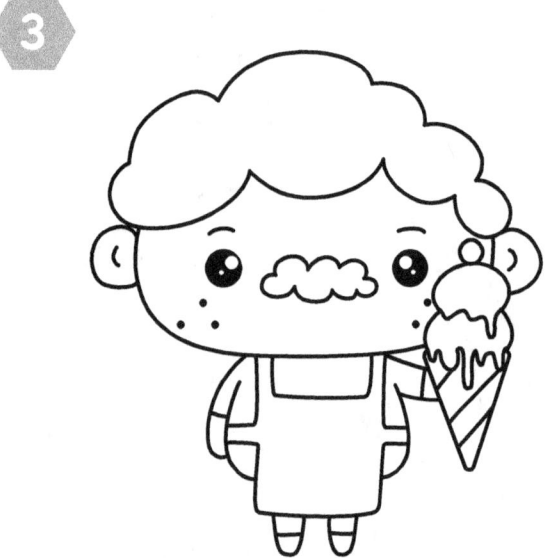

3 ¡Exagera el tamaño del helado!

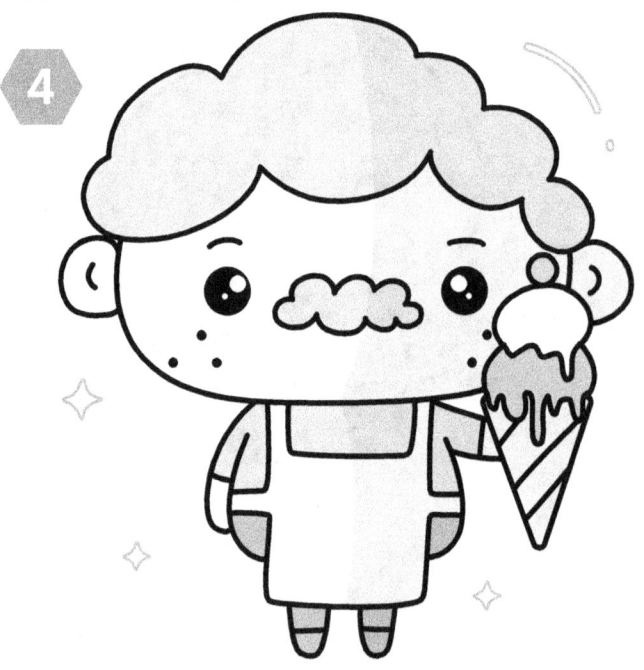

4 Pinta el helado de tu sabor favorito

¡Qué ricos los
helados italianos!

PRESIDENTE

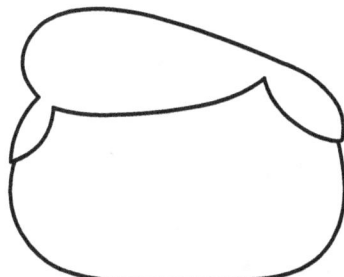

Dibuja un óvalo con una forma irregular para hacer el cabello

Represento a mi país en el mundo

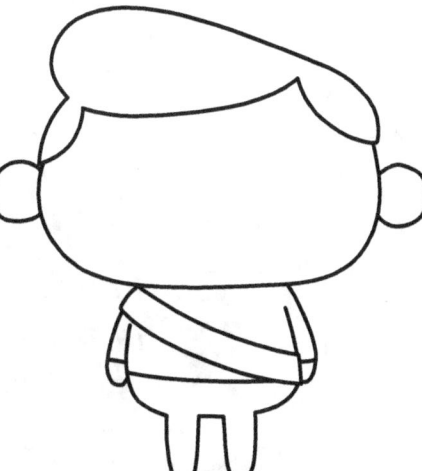

Ahora el cuerpo y una banda cruzada

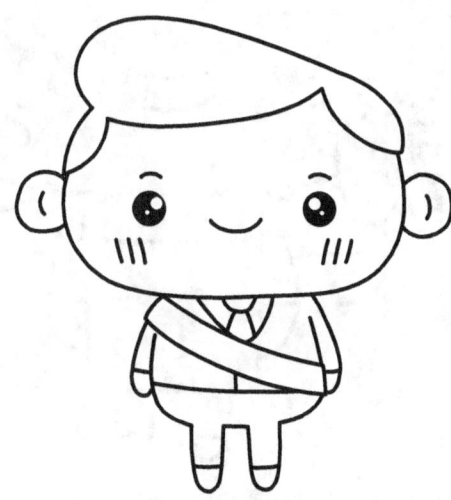

Dibuja los detalles y una carita feliz

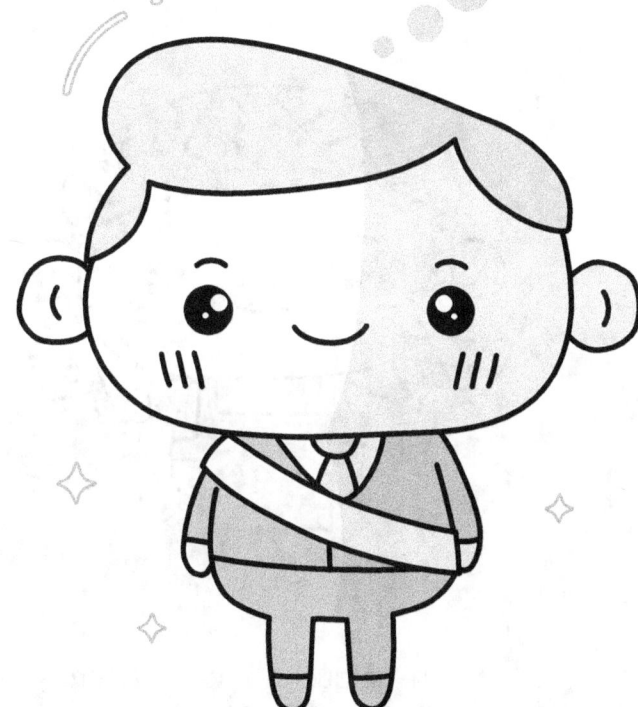

¡A pintar! Pinta la banda presidencial con los colores de tu país

CARNICERO

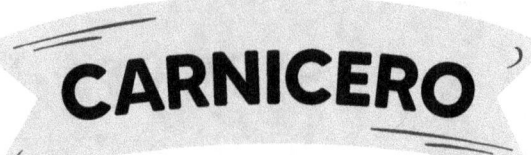

1

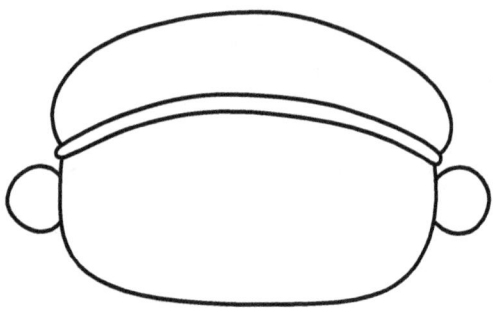

Empieza por una cabeza con gorro

2

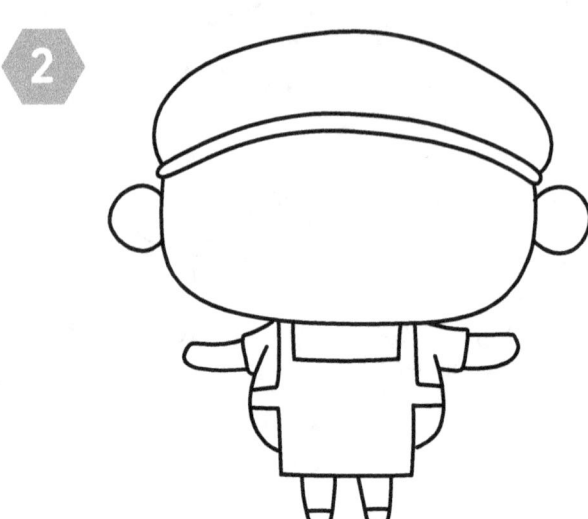

Los carniceros visten con delantal

3

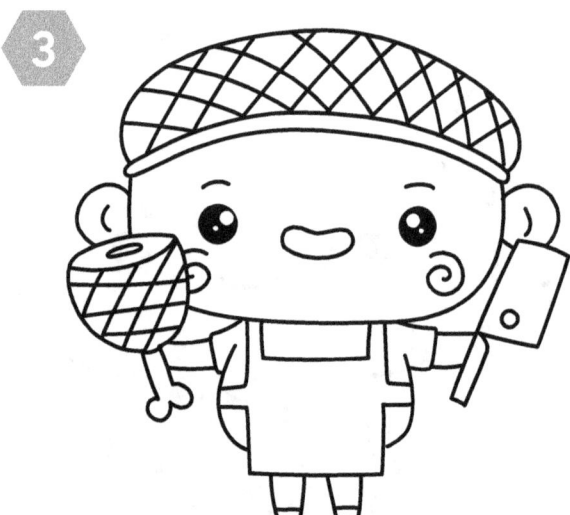

Un jamón, un cuchillo de carnicero y muchas líneas cruzadas

4

Comer carne nos hace fuertes

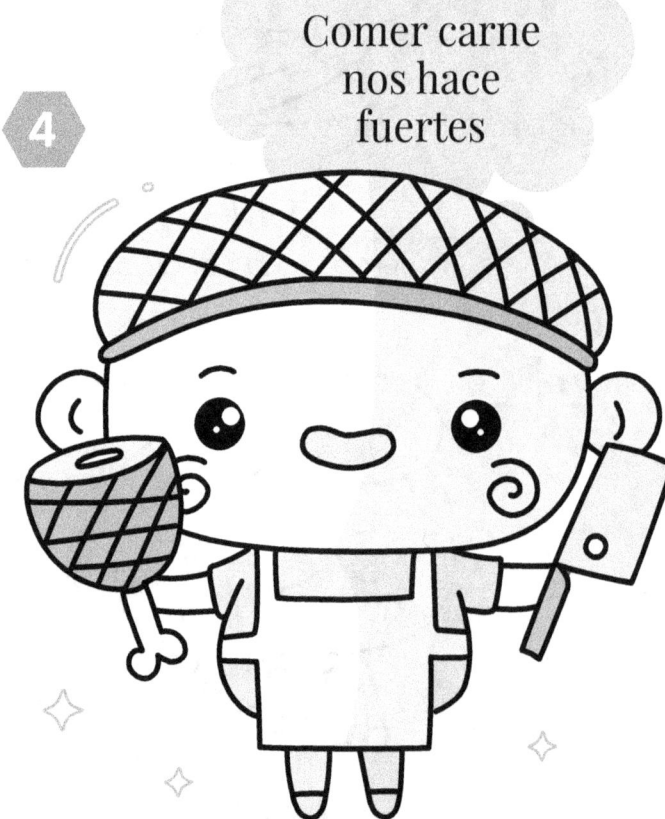

¡A pintar! El jamón suele ser rosa por dentro y café por fuera

AZAFATA
DE VUELO

1

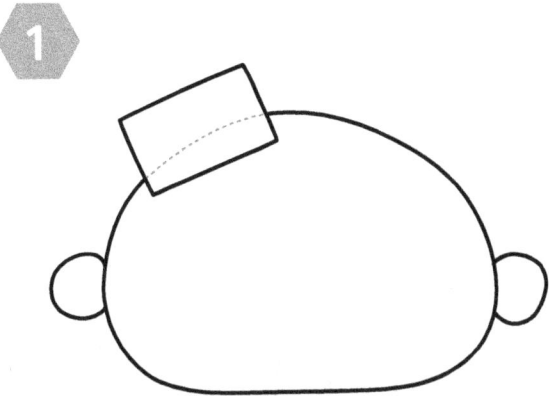

Dibuja la cabeza típica con un cuadrado encima y hacia un lado

2

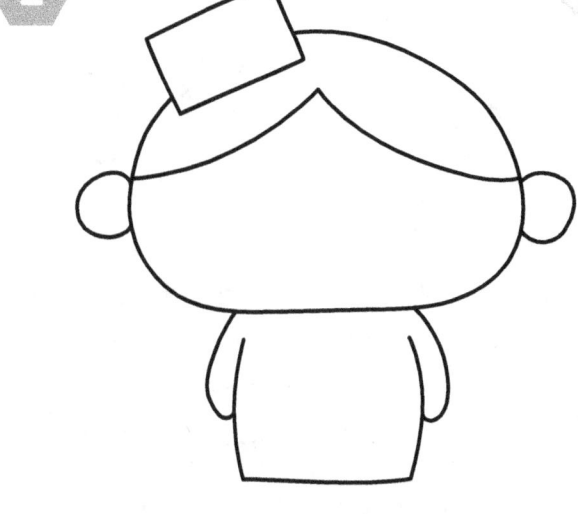

Ahora la silueta del uniforme en falda

3

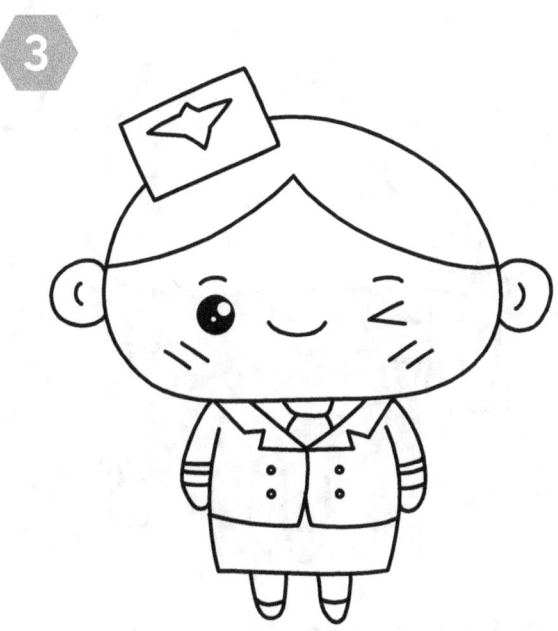

Añade muchos detalles y un guiño

4

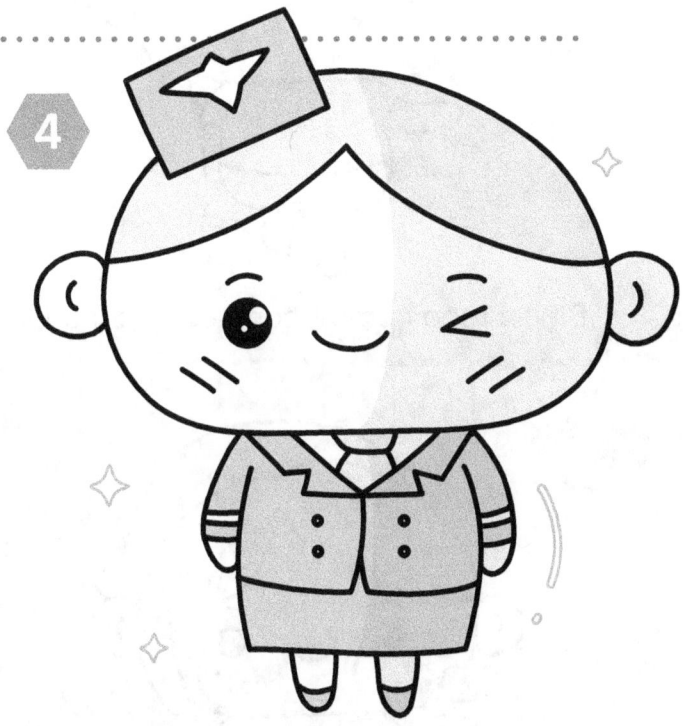

El azul marino refleja seriedad y elegancia

Tu viaje será
perfecto conmigo

NIÑERA

1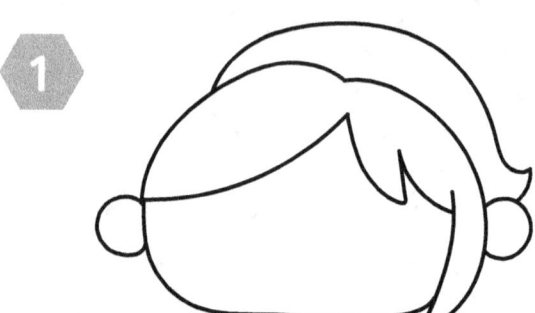

Que el pelo esté recogido en una coleta

2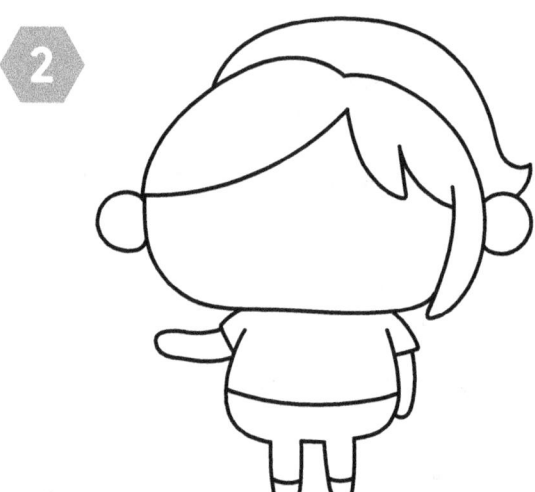

Dibuja ropa normal, camiseta y pantalón

3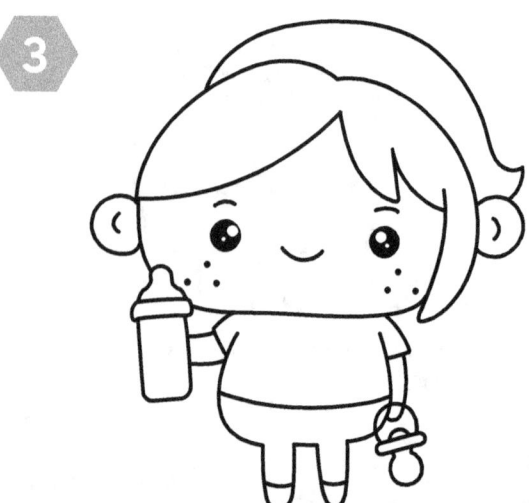

¡Añade el biberón y el chupete! y unas inocentes pecas

4

Cuido bebés y niños pequeños

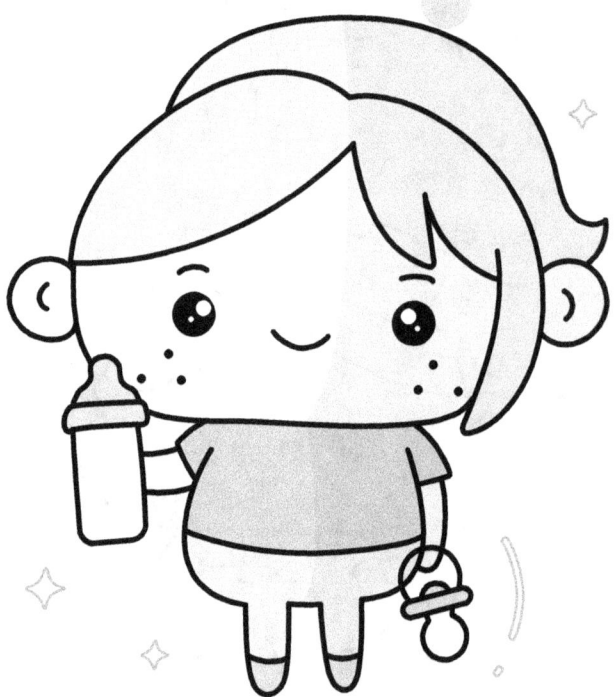

Te recomiendo usar colores pasteles

DJ

1

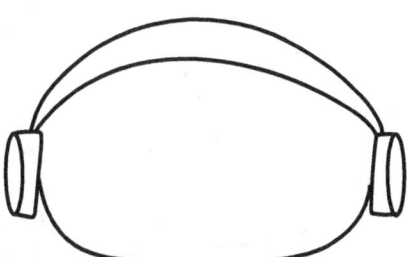

Empieza con curvas para la cabeza y los audífonos

2

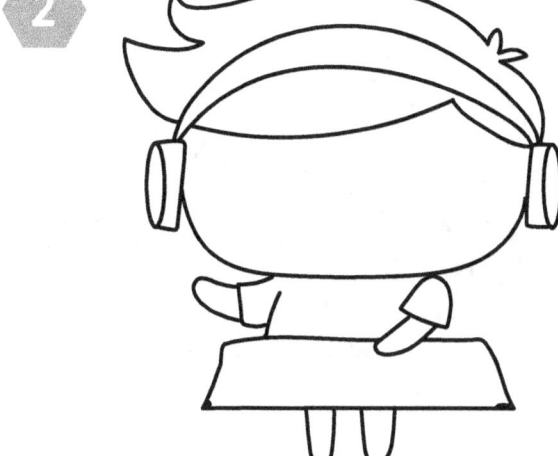

Un pelo alocado, los brazos en movimiento y un rectángulo en perspectiva

3

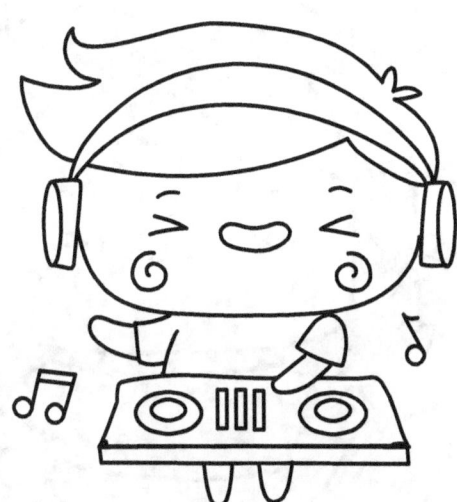

Incluye platos y botones a la mesa de mezcla ¡Y algunas notas musicales!

4

Mezclo música girando discos

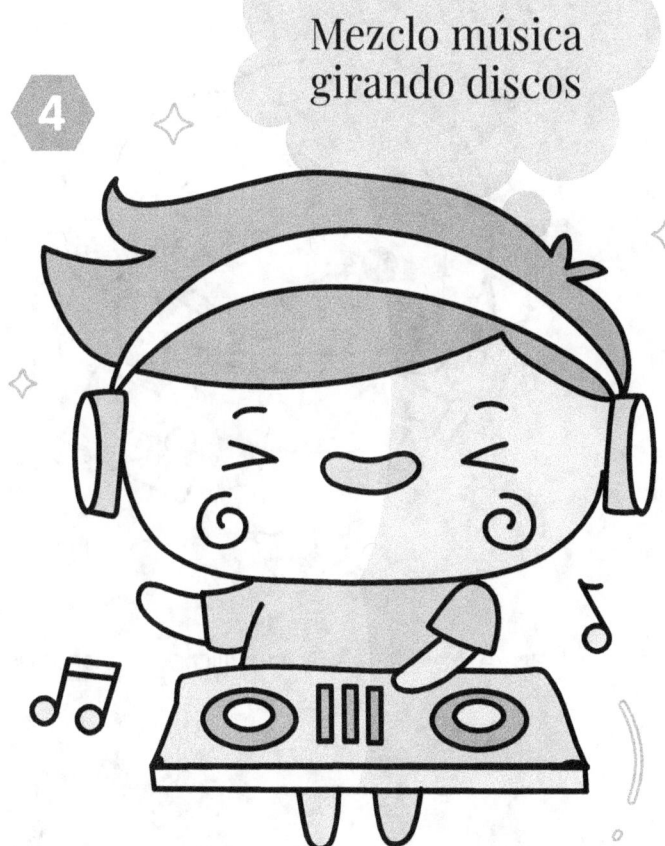

¡A pintar! Escoge colores brillantes

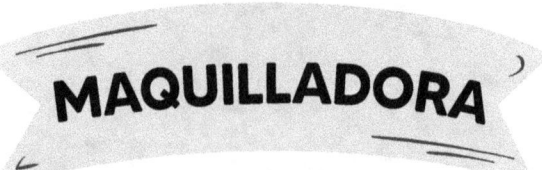

MAQUILLADORA

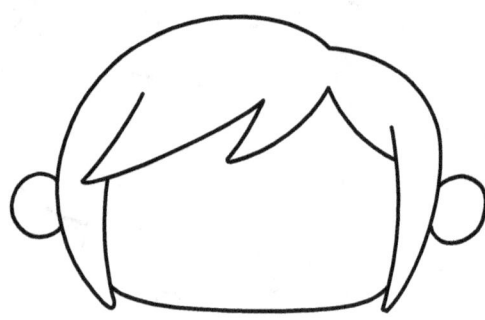

Dibuja una cabeza con flequillo moderno

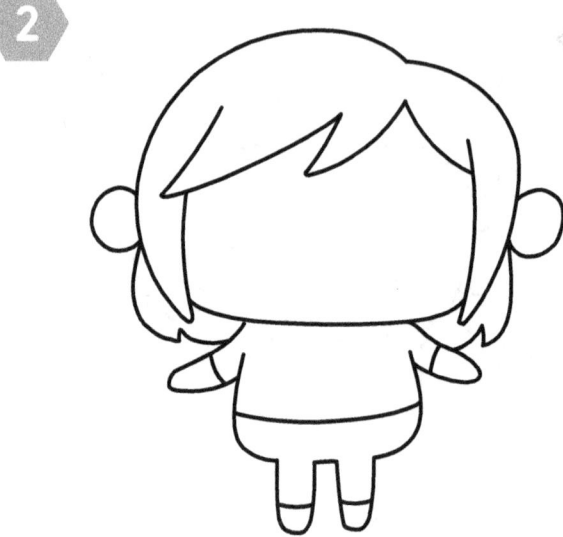

Continúa con la silueta del cuerpo y cabello

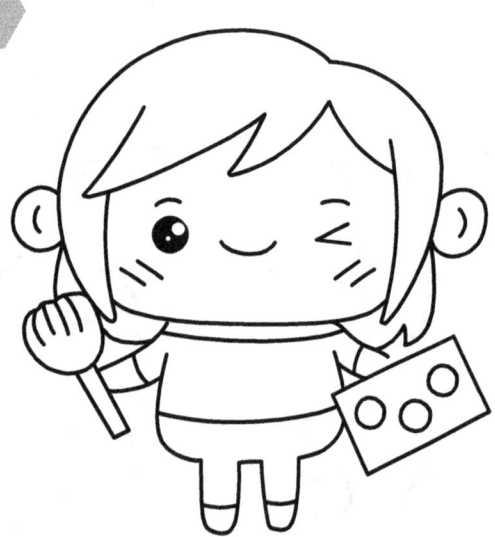

¡Incluye detalles! el maquillaje y la brocha

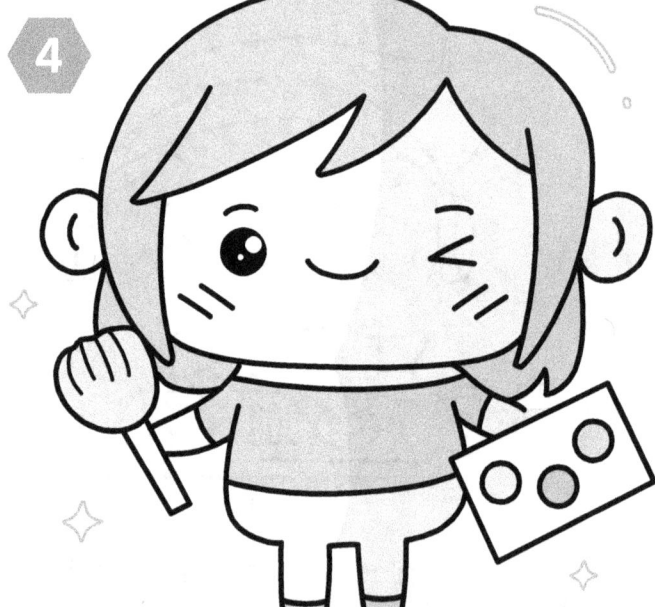

¡Ahora solo falta pintar!

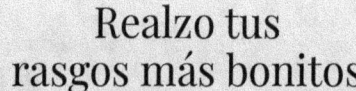

Realzo tus
rasgos más bonitos

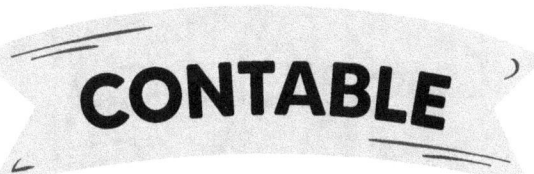

CONTABLE

1

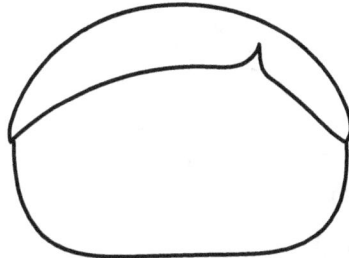

Crea una cabeza con un pelo muy repeinado

2

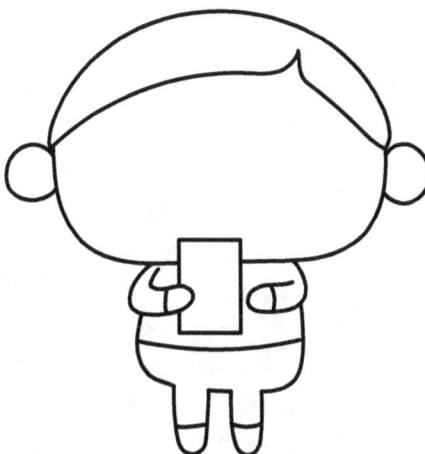

Dibuja el cuerpo y un rectángulo

3

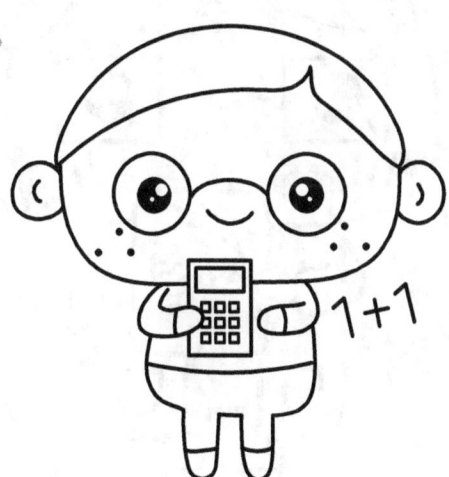

¿1 + 1? ¡Escribe la ecuación!

4

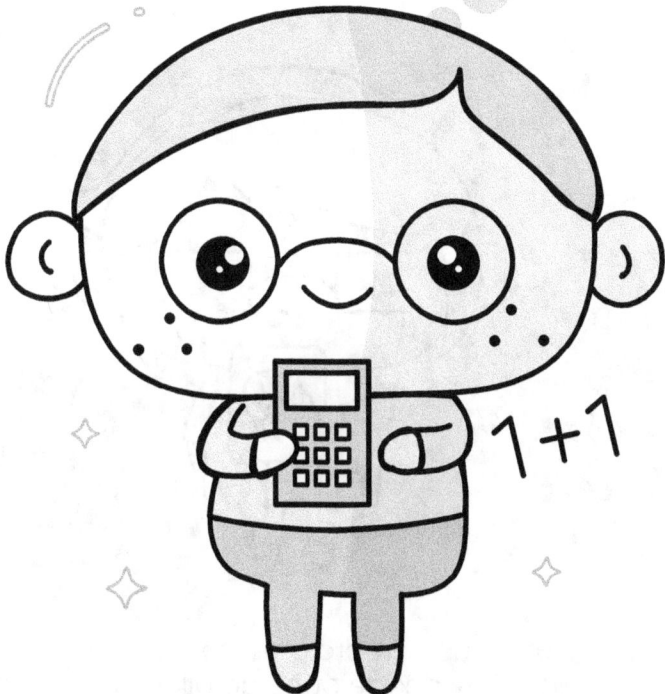

¡Qué bien se me dan los números!

1+1

¡A pintar! Utiliza colores discretos

PSICÓLOGA

1

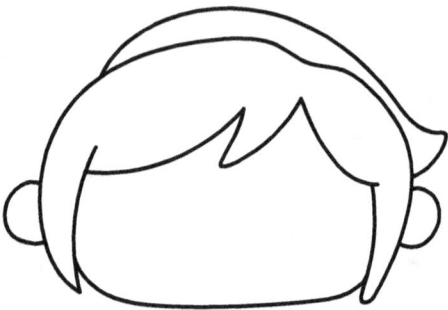

Haz a tu personaje con pelo recogido

2

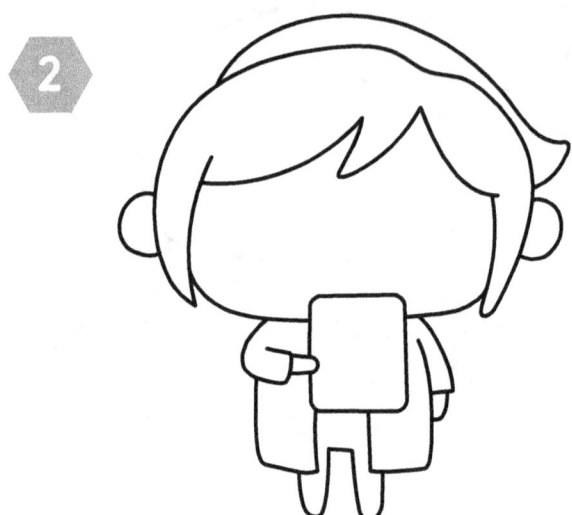

Dibuja la bata y un rectángulo en el centro que será una libreta

3

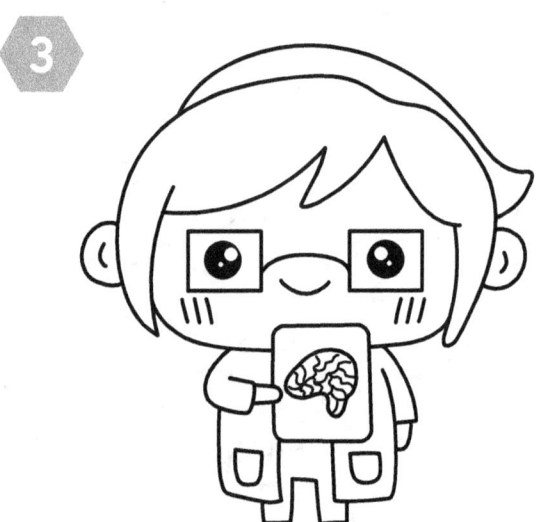

Ilustra un cerebro o un corazón en la libreta y añade otros detalles

4

Cuéntame más ...

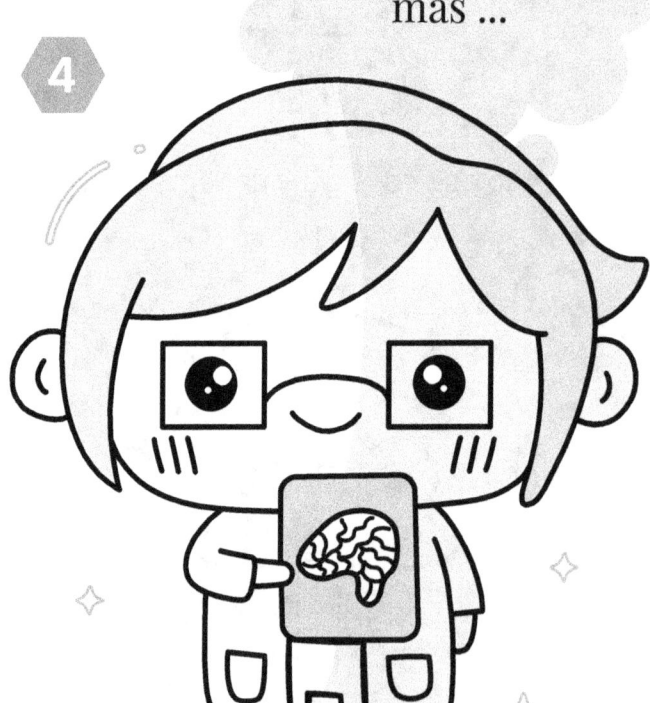

¡A pintar! Recuerda que la bata es blanca

CAJERO

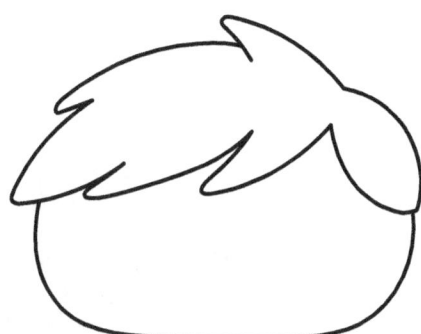

Crea un curva con cabello juvenil

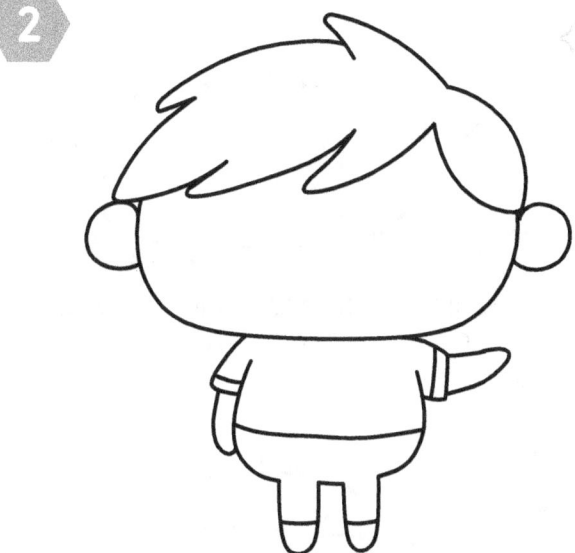

Ahora el cuerpo con la camisa remangada

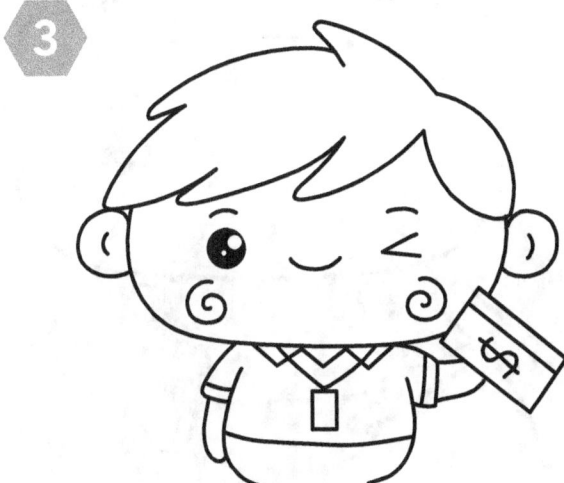

Dibuja una tarjeta en su mano

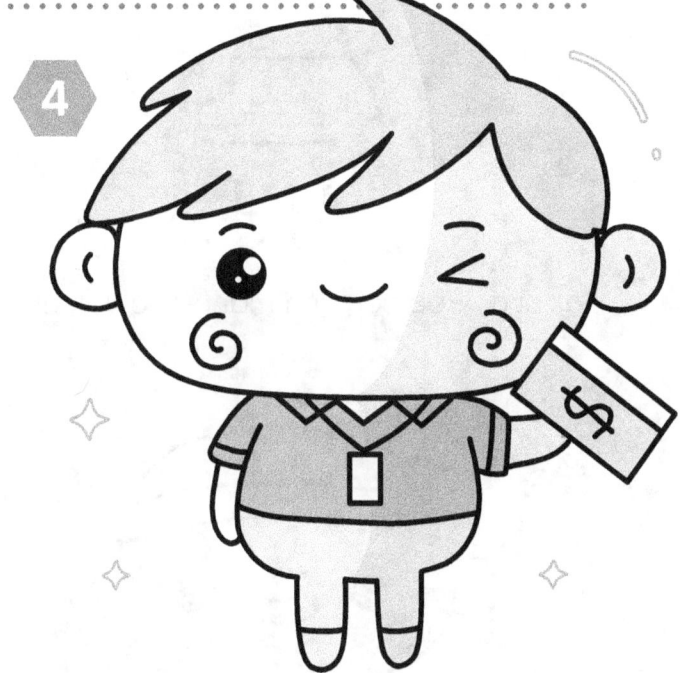

¡A pintar! Usa los colores que prefieras

Estoy en tiendas
y supermercados

ALPINISTA

1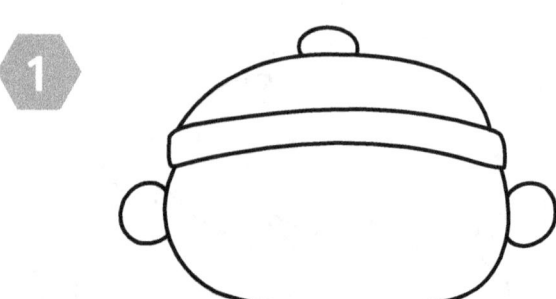

Dibuja una cabeza y un gorro con pompon

2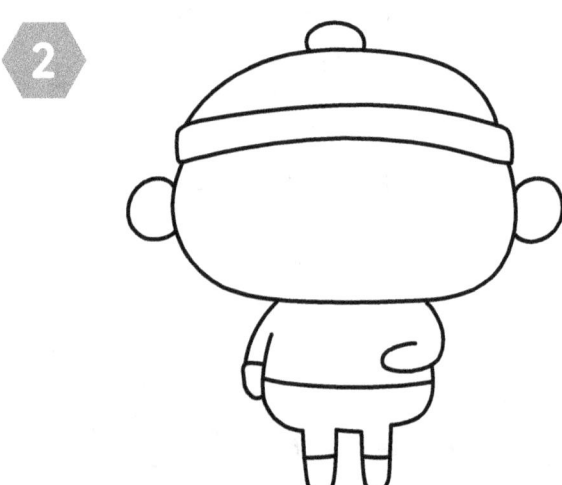

Haz el cuerpo con una mano hacia dentro

3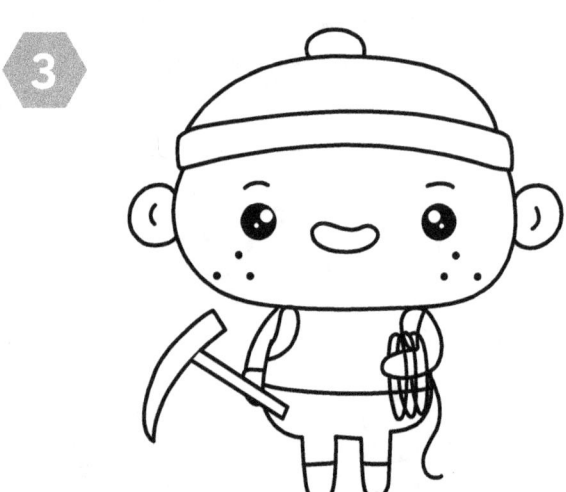

Añade un pico, una cuerda y las mangas de la mochila

4

Cada montaña es un nuevo desafío

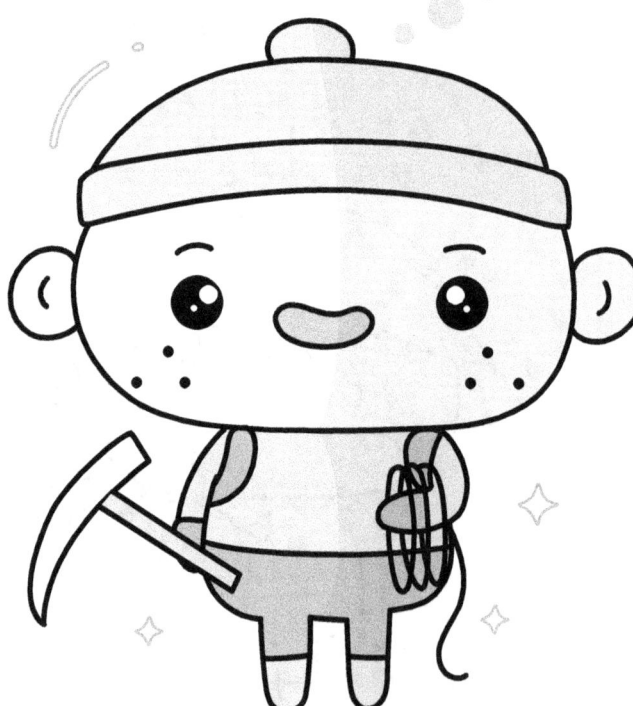

Utiliza colores vistosos para que se le vea bien desde la montaña

TELEFONISTA

1

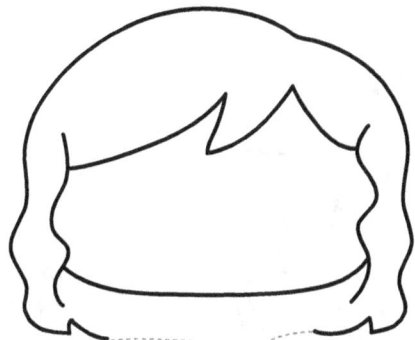

Dibuja el cabello con líneas onduladas

2

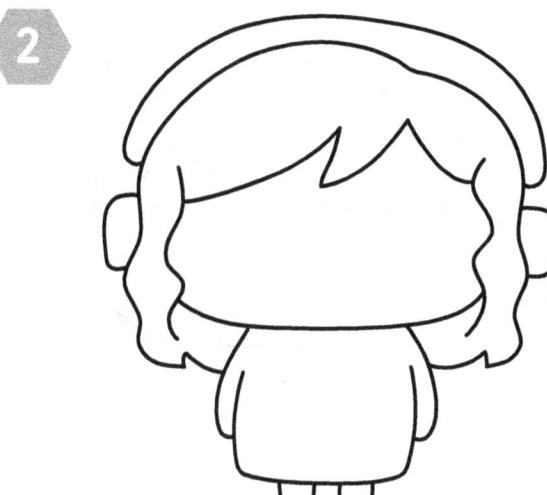

Inicia el dibujo de los audífonos

3

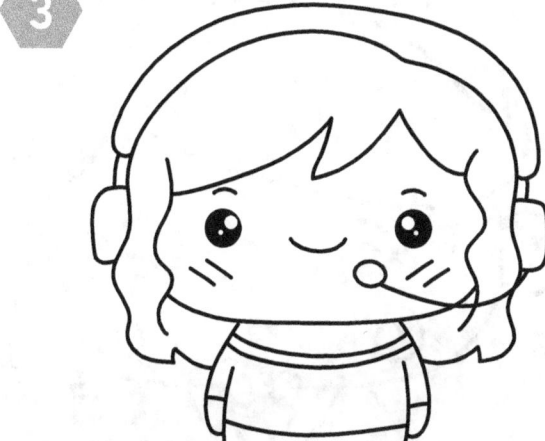

¡Remata el dibujo! y hazla sonreir

4

Resuelvo
tus dudas por
teléfono

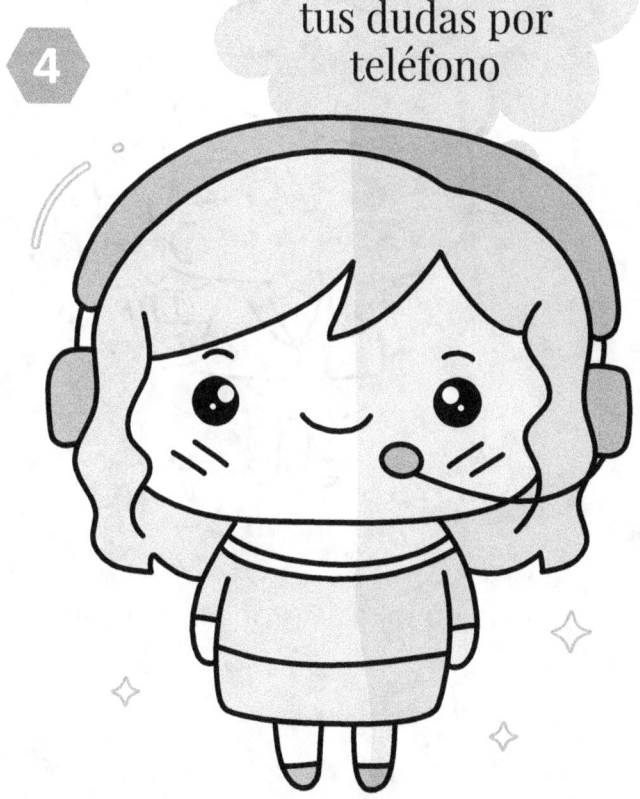

¡A pintar! Utiliza colores divertidos

ACTOR

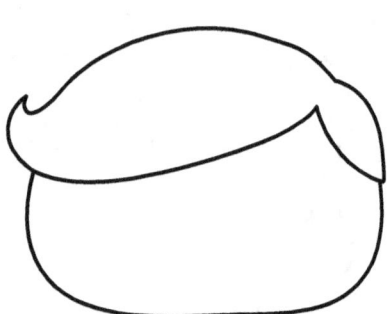

Dibuja una cabeza repeinada

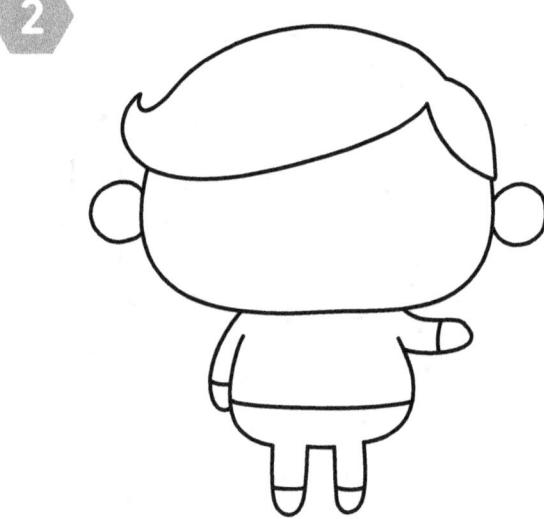

Haz la silueta de un cuerpo redondito

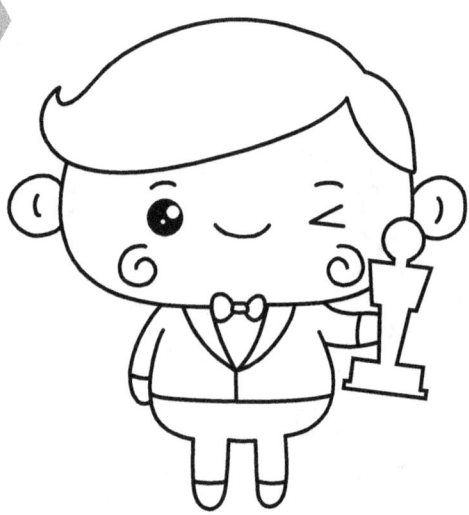

¡Qué no falte un gran premio Oscar!

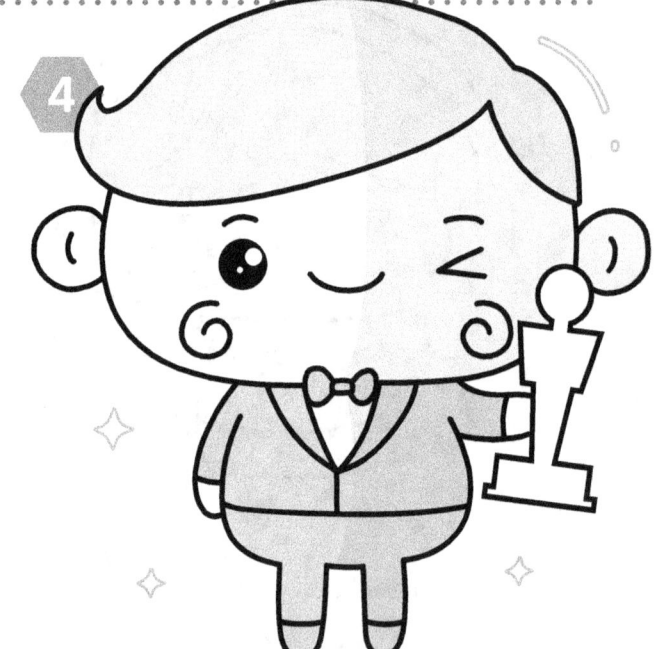

Pinta la estatuilla de amarillo

¿Cuál es tu
actor preferido?

FLORISTA

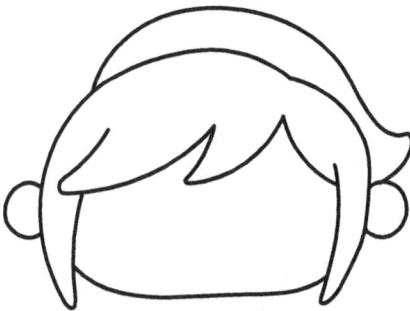

Dibuja una cabeza con flequillo y coleta

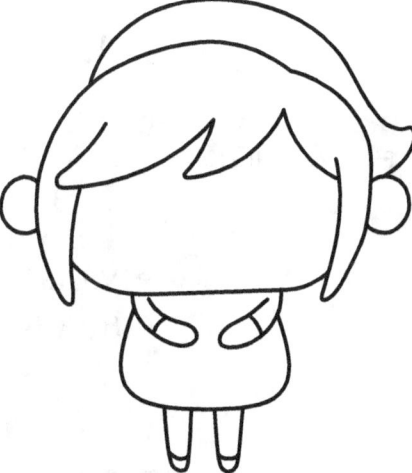

Ahora el cuerpo con las manos hacia dentro

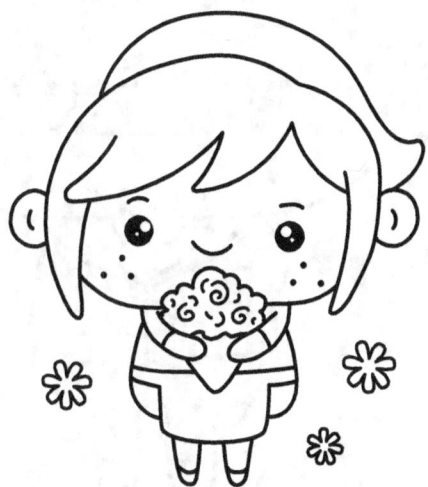

Añade un bonito ramo de flores y algunas más alrededor

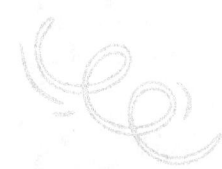

¡Me encanta mi trabajo!

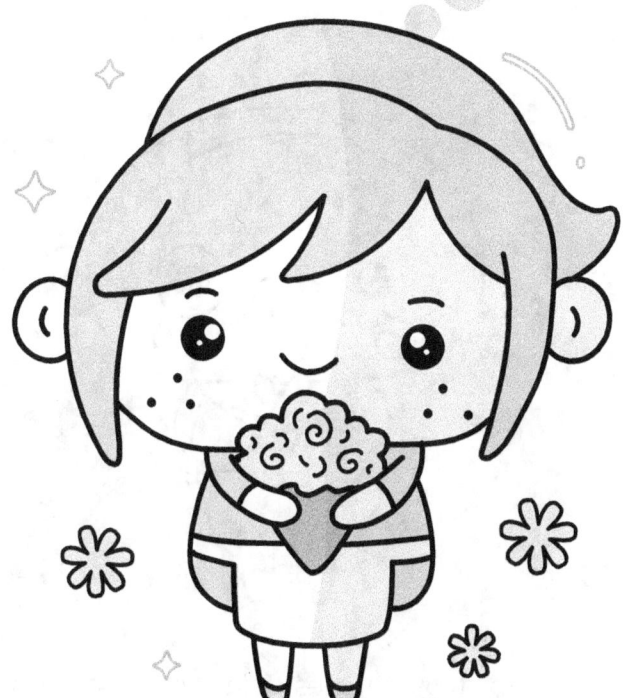

Elige colores florales: amarillos, violetas, azules ...

MAYORDOMO

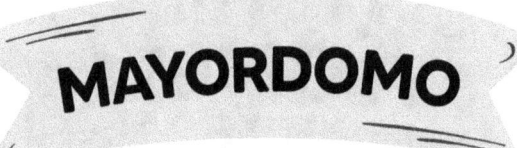

1

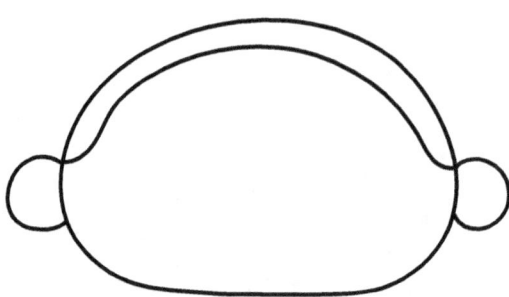

Dibuja un círculo aplastado con pelo engominado

2

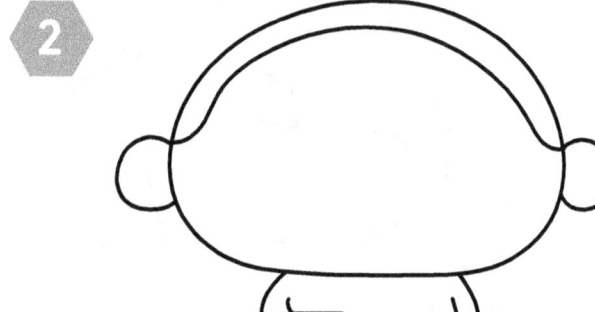

Traza el cuerpo sosteniendo un rectángulo, que será el pañuelo

3

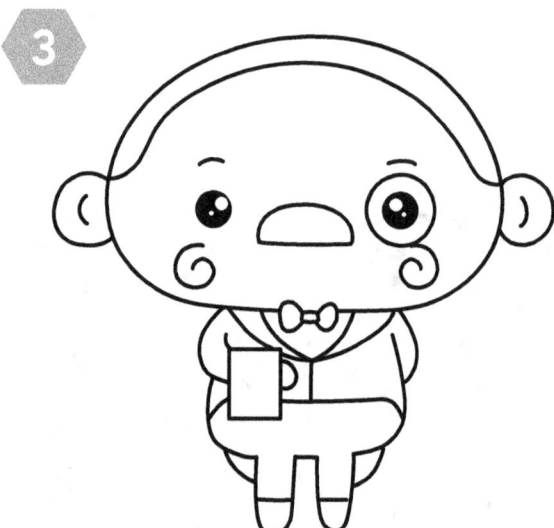

Ahora los detalles del traje, la pajarita, bigote y el monóculo

4

Soy discreto, cuidadoso y confiable

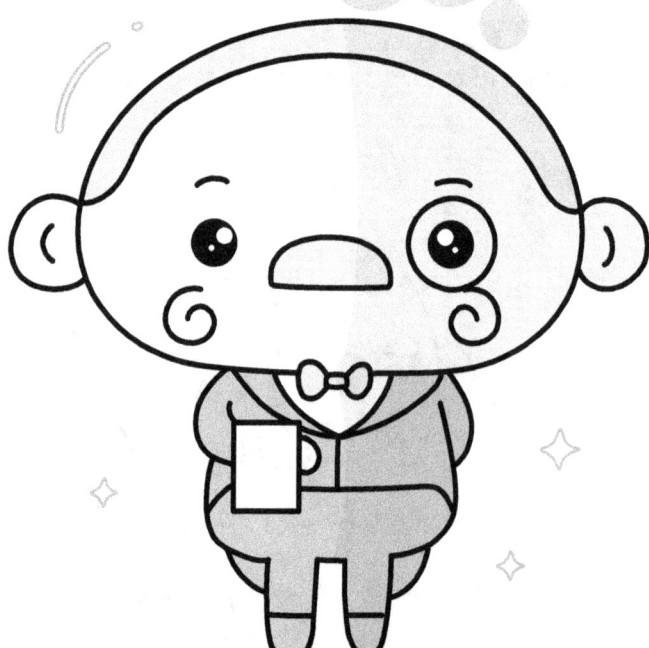

Pinta el traje de un color oscuro y elegante

REPARTIDOR

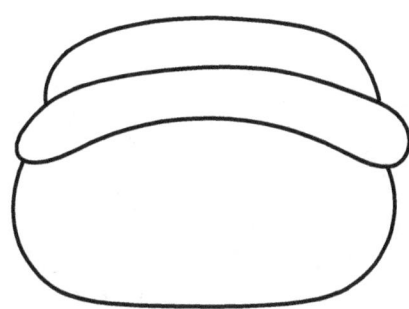

Dibuja 3 formas aplastadas y redondeadas

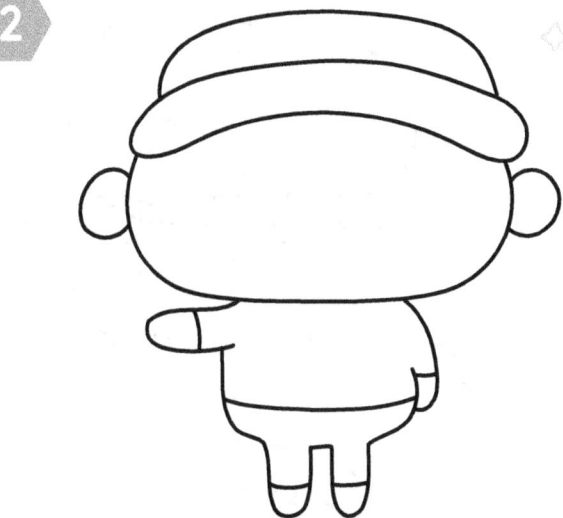

Ahora la silueta del cuerpo con un brazo extendido

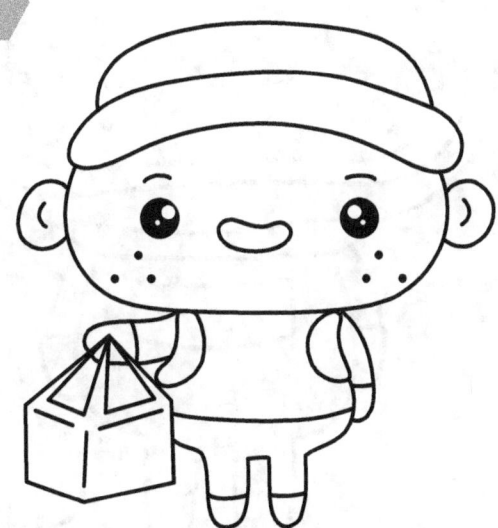

Añade un gran paquete en la mano y las mangas de la mochila

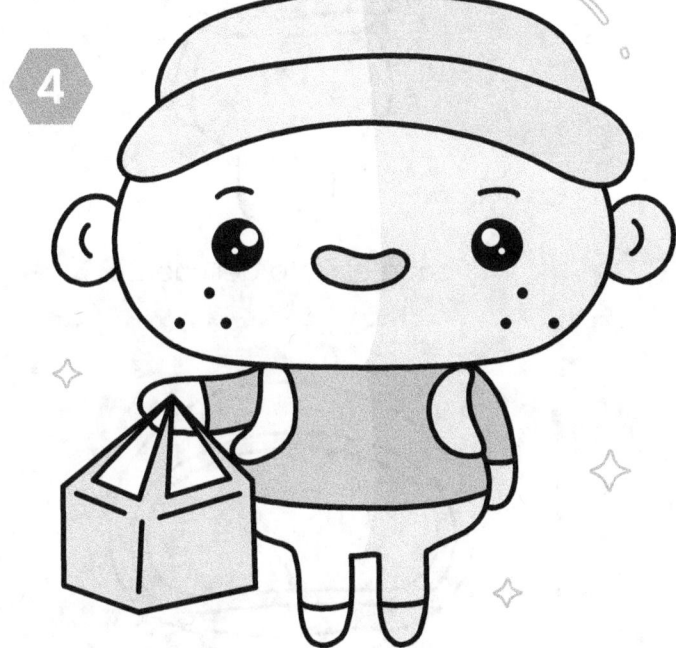

Escoge los colores que quieras

¿Comida china o italiana?

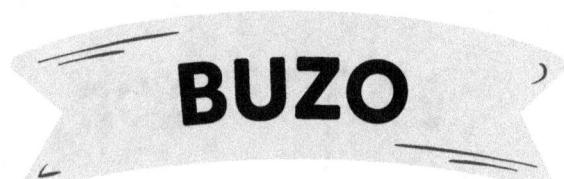

BUZO

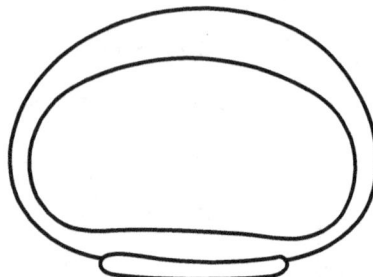

Dibuja 2 círculos aplastados

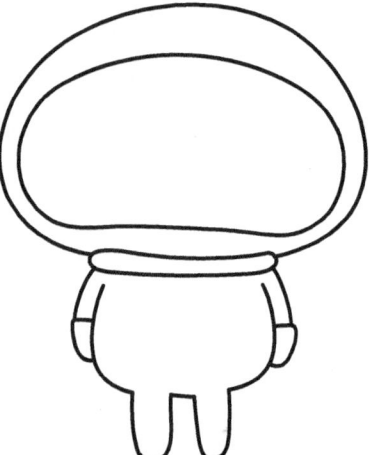

Forma el resto del cuerpo

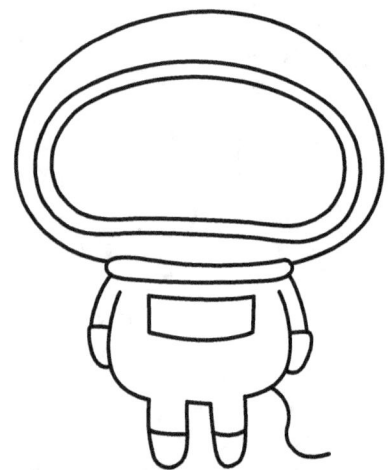

¡Más detalles! Los ojos no se ven

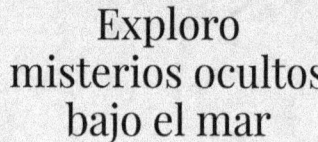

Exploro misterios ocultos bajo el mar

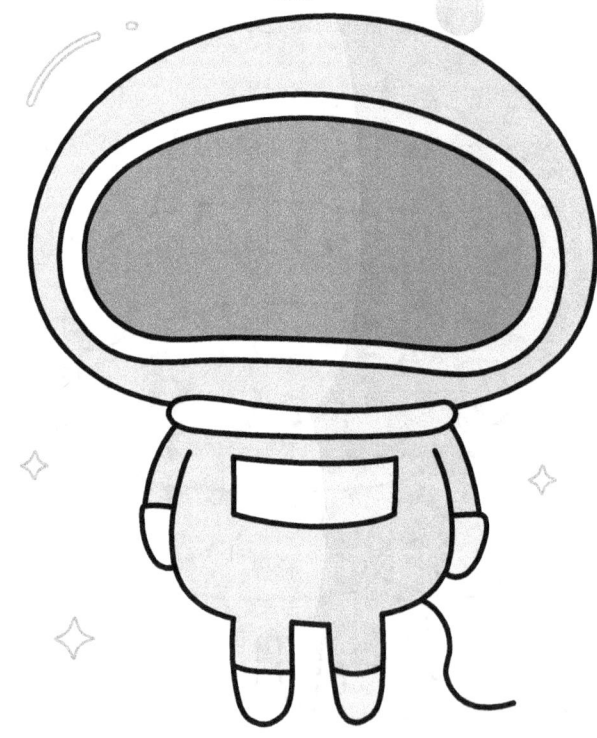

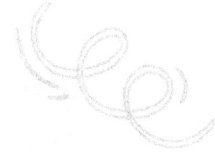

¿Qué tal un amarillo?

CÁMARA

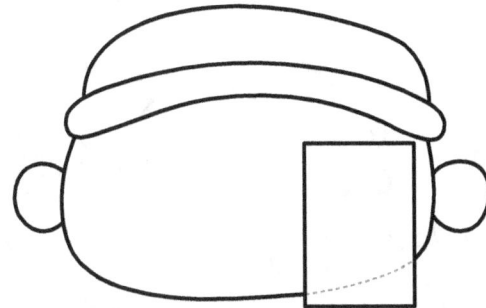

Crea la cabeza. El cuadrado será la cámara

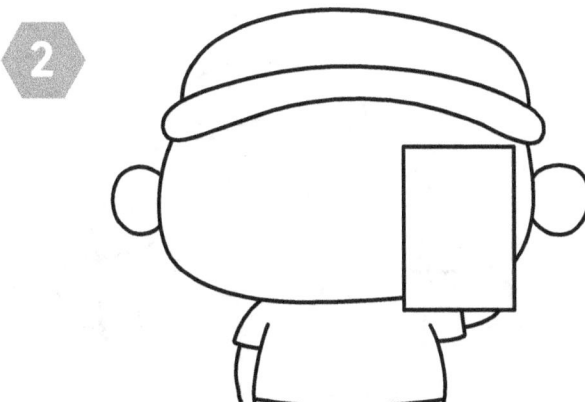

Sigue por abajo, el cuerpo completo

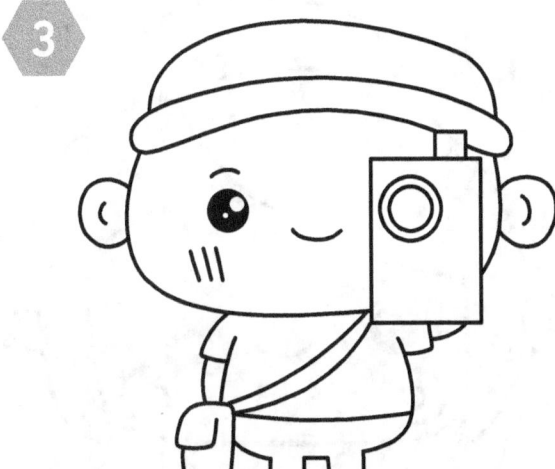

Termina los detalles de la cámara y el bolsito cruzado

Grabo las escenas de las películas

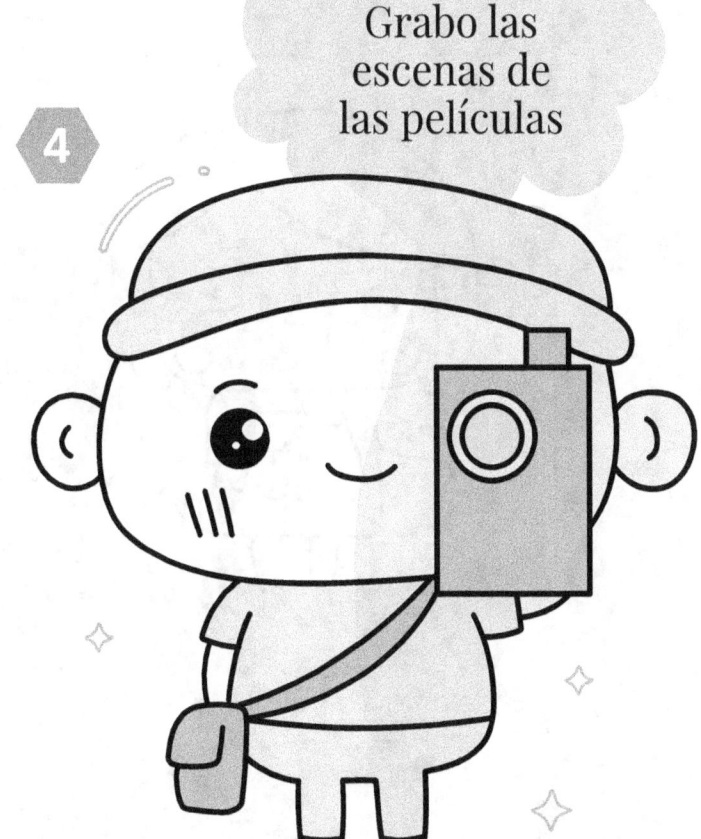

¿Y si pintas la cámara de negro?

COSTURERA

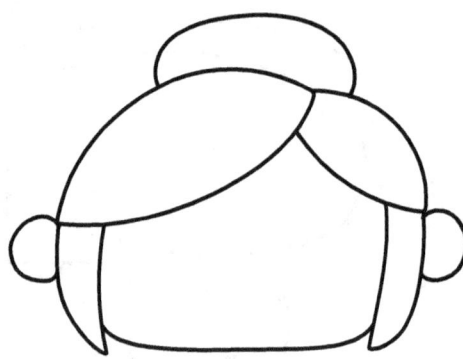

Dibuja al personaje con pelo recogido en un gran moño superior

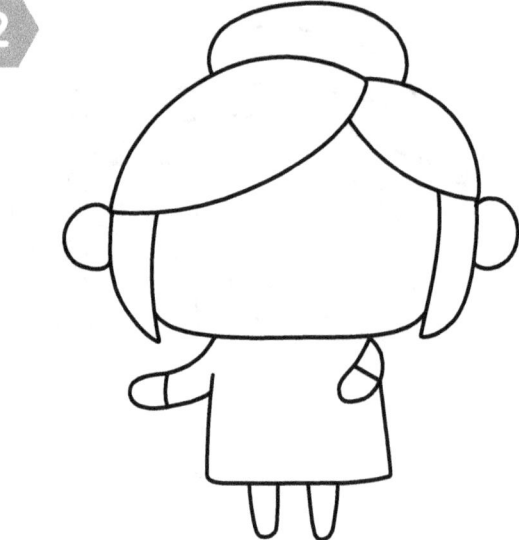

Ahora un vestido y los brazos

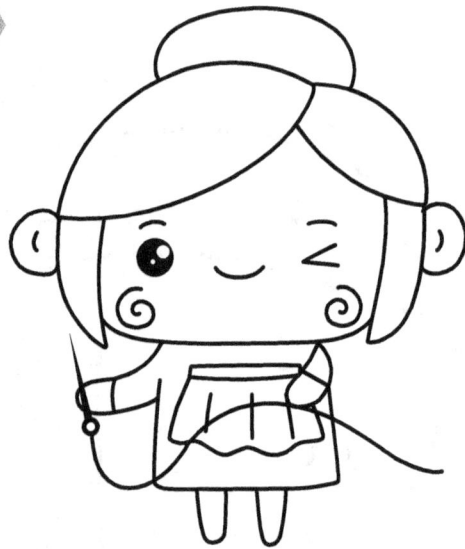

El delantal, la aguja y el hilo

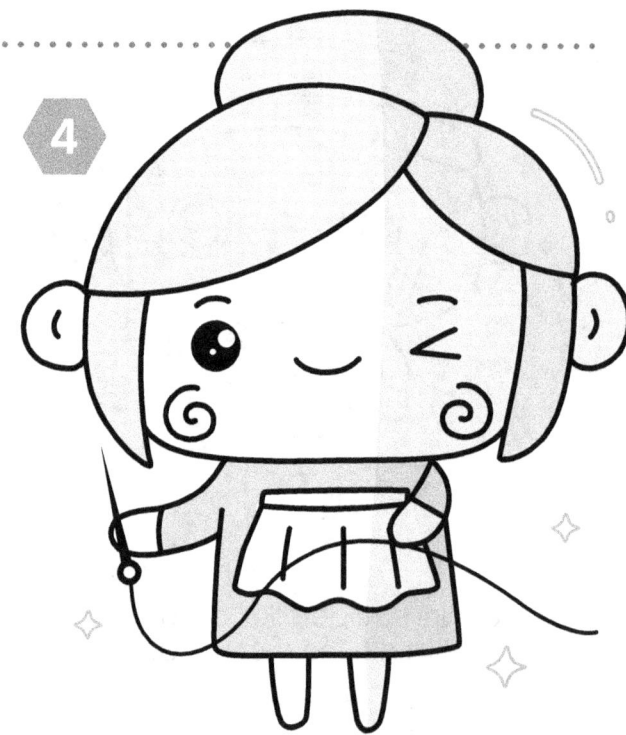

¡A pintar! ¿Qué color te gustaría usar?

Hilo, aguja y mucha paciencia

ANIMADOR
DE ESPECTÁCULOS

1

Dibuja un sombrero de copa

2

Vístele de esmoquin con cola larga

3

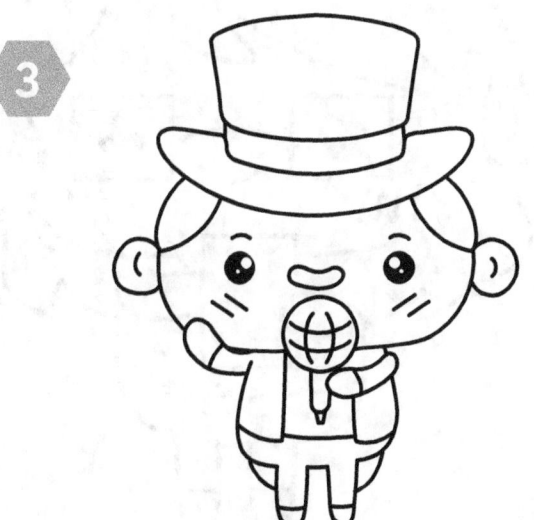

Es animador ¡Falta el micrófono!

4

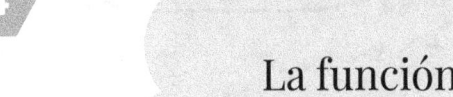

La función
debe continuar

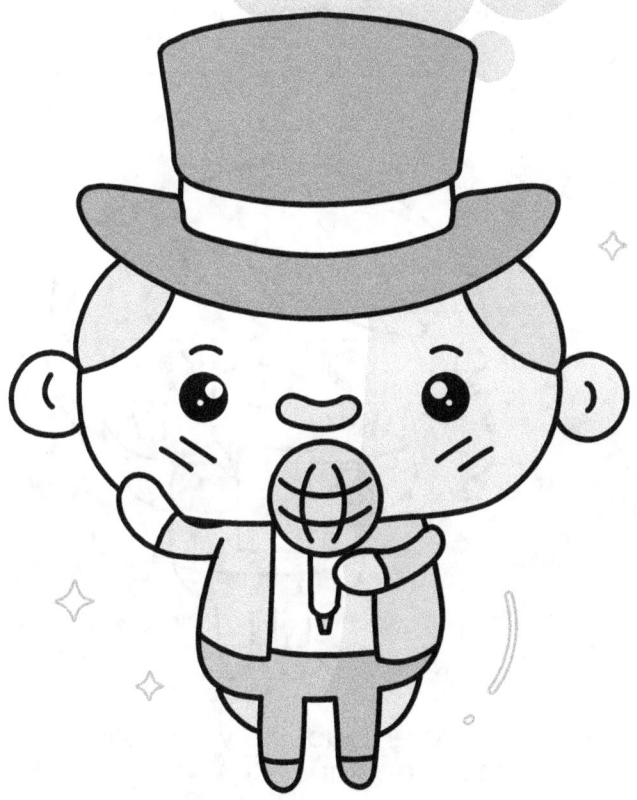

Escoge colores vistosos y mágicos

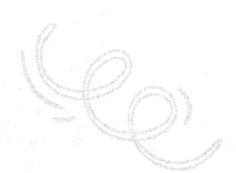

ORGANIZADORA
DE EVENTOS

1

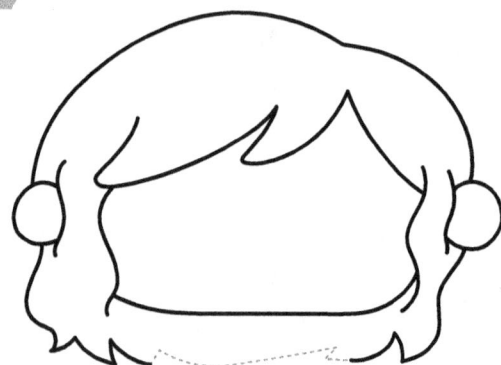

Comienza por el pelo, la cabeza y 2 círculos pequeños para las orejas

2

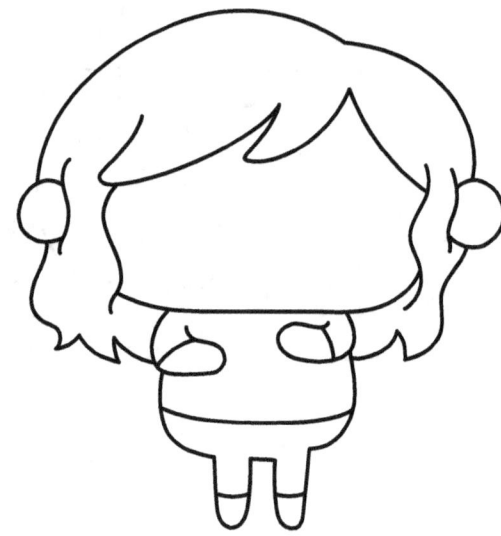

Sigue por el cuerpo con las manos hacia dentro

3

Falta el cuaderno y el bolígrafo para anotar

4

Todo debe salir según lo planeado

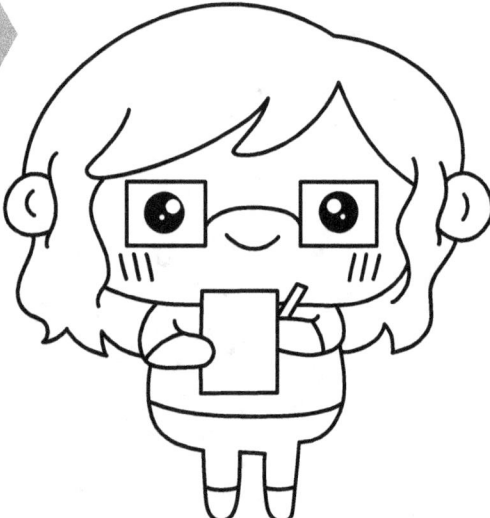

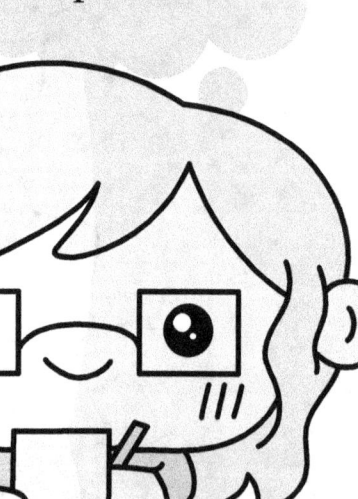

Te recomiendo utilizar colores discretos

FISICOCULTURISTA

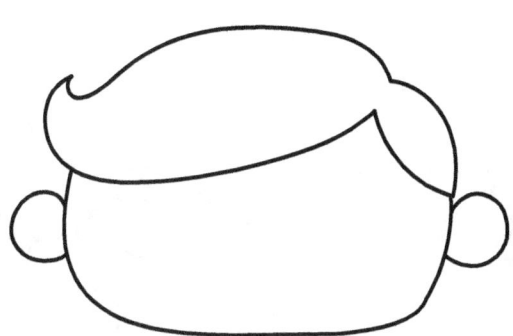

Haz una cabeza con pelo repeinado

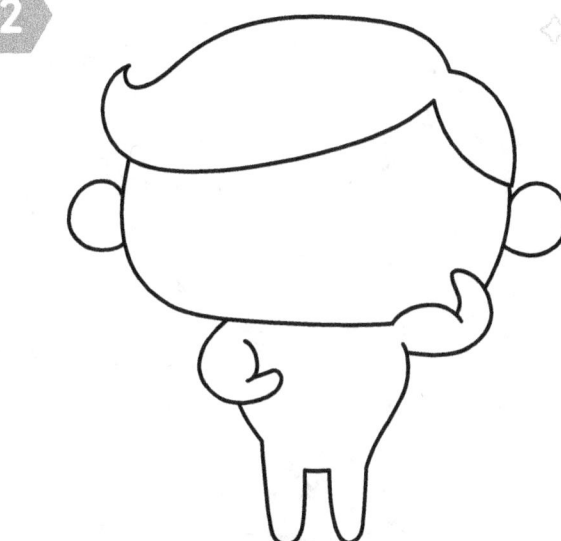

Dibuja un cuerpo fuerte y musculoso

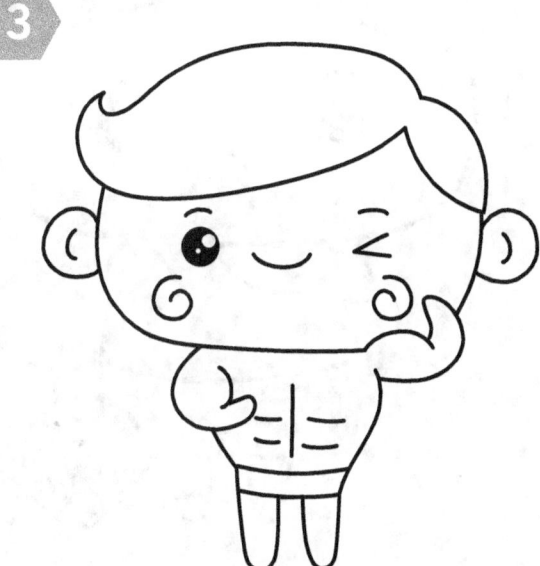

¡Marca los musculitos!

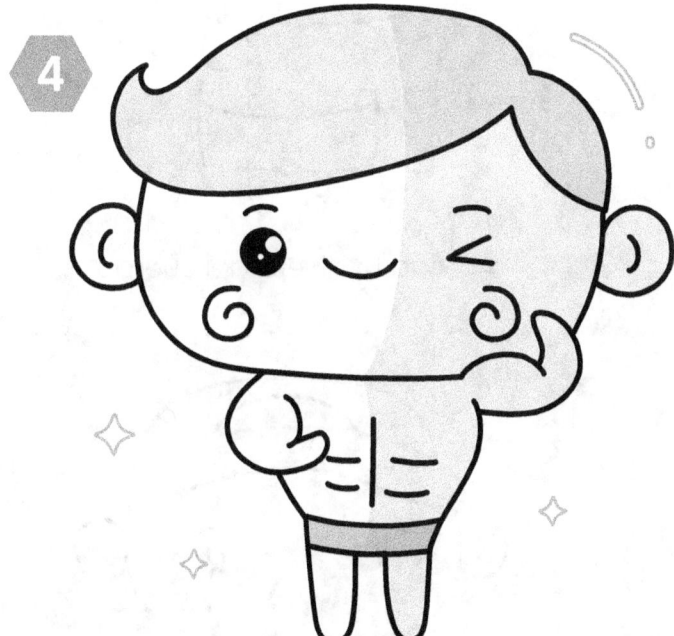

¿Qué tono de color carne vas a utilizar?

Dedico muchas
horas a entrenar

ENTRENADOR

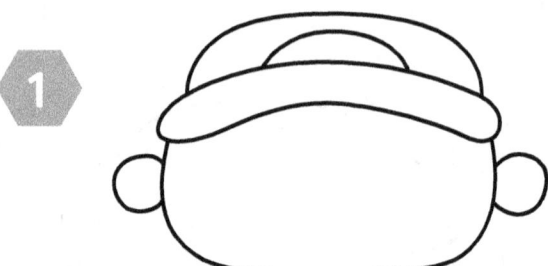

1 Dibuja formas redondas para la cabeza, las orejas y la gorra

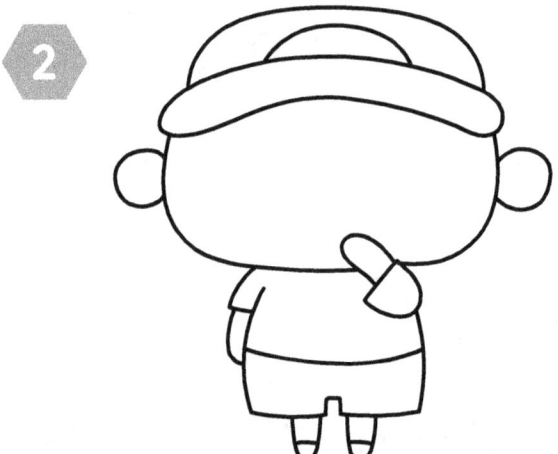

2 Agrega la silueta del cuerpo

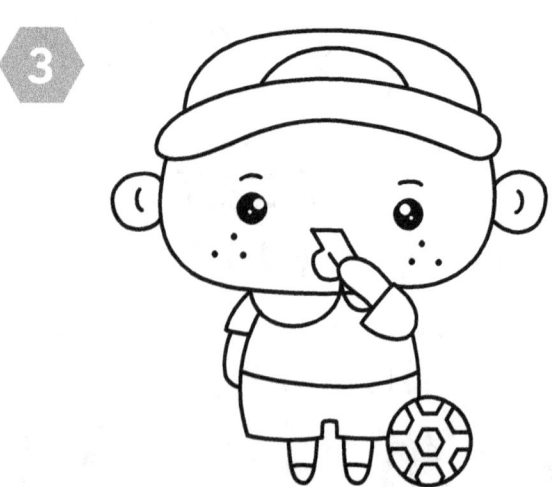

3 Ahora solo falta el silbato y un balón

4

Guío a mi equipo hacia sus metas

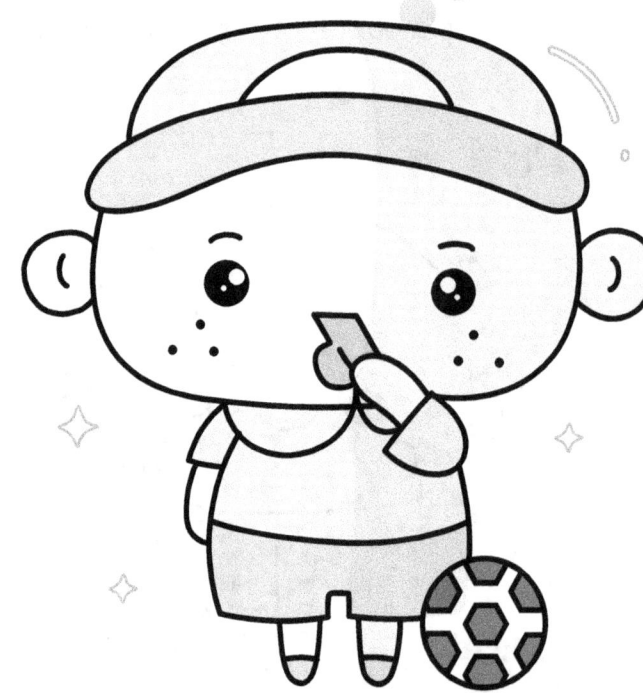

¡Puedes pintarlo de colores alegres!

¡SÚPER BONUS!
APRENDE A DIBUJAR CARAS KAWAII

Las caras de nuestros dibujos kawaii son el elemento más importante para dar ternura y expresividad a nuestros dibujos. Un mismo personaje puede cambiar totalmente, modificando su expresión: alegría, miedo, ira, sorpresa, tristeza, asco...

En el siguiente capítulo, te enseñaré a DIBUJAR CARAS KAWAII. **Este capítulo es privado y reservado para mis dibujantes más fieles.** Por eso, si tienes 30 segundos, nos encantará leer tus impresiones sobre este libro en Amazon.

GRACIAS

Para dejar tu reseña, escanea este QR con la cámara de tu móvil. La página para dejar la reseña aparecerá en tu navegador

¿Hay algo que no te ha gustado?

Antes de ponernos una reseña negativa, danos la oportunidad de mejorar. Envíanos un correo a: **hola@happylittlebrains.com** y haremos lo posible para mejorarlo :)

BONUS

Para obtener el bonus, escanea este QR, también con la cámara de tu móvil y lo recibirás en PDF.

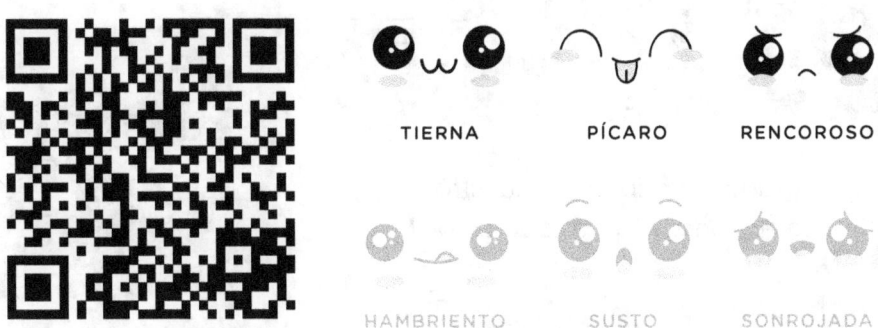

TIERNA PÍCARO RENCOROSO ORGULLOSA

HAMBRIENTO SUSTO SONROJADA GUIÑO

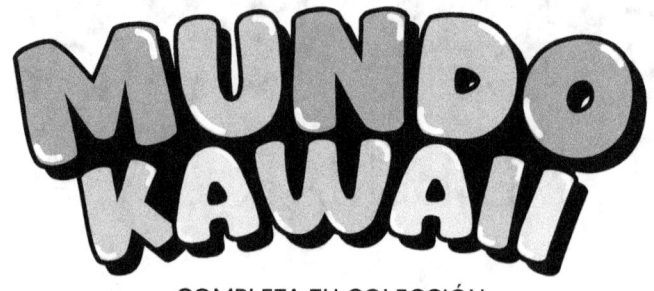

COMPLETA TU COLECCIÓN

¡Conviértete en un artista!
Solo necesitas un lápiz y seguir las instrucciones paso a paso de cada libro.
Aprenderás los conceptos básicos del dibujo kawaii, que enfatiza formas simples
y redondeadas; caras con ojos pequeños y expresiones dulces; además de
aprender a personificar objetos inanimados

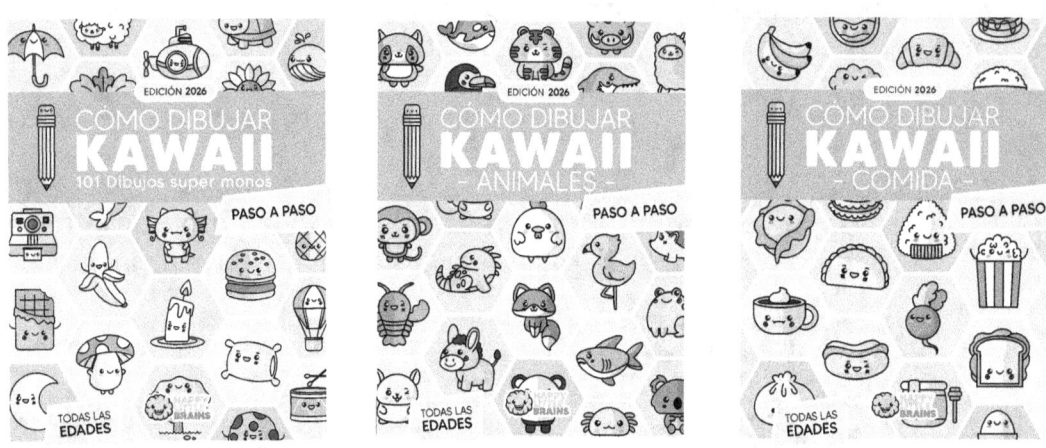

Aprende a dibujar personas, animales, comida .. de forma ADORABLE ¡Es fácil!

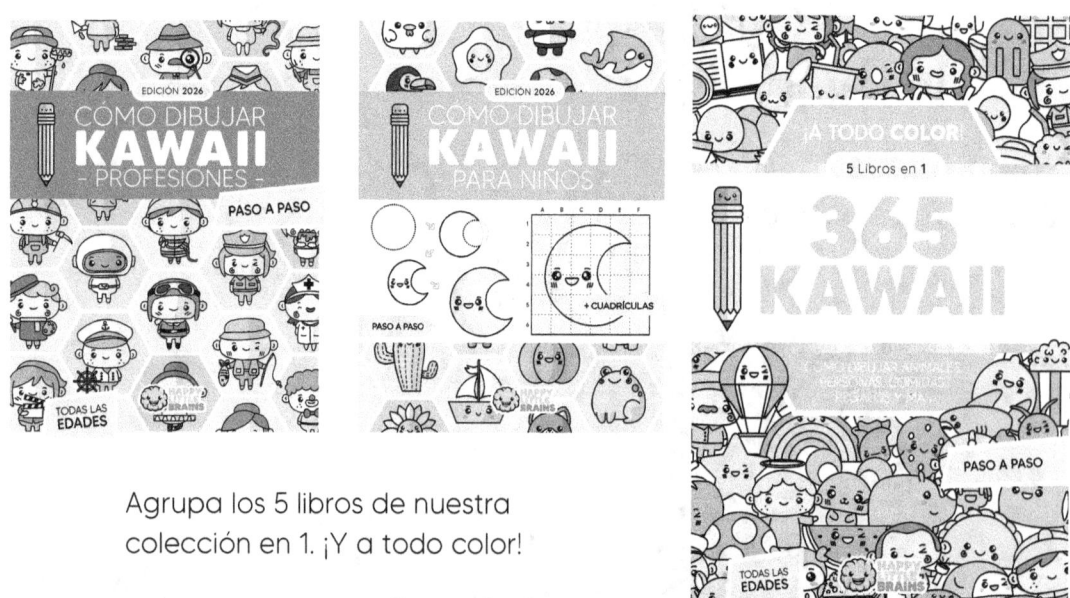

Agrupa los 5 libros de nuestra
colección en 1. ¡Y a todo color!

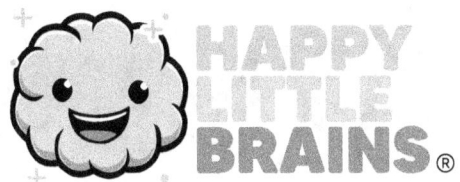

Búscanos en Amazon.es

| Libros ▾ | happy little brains | 🔍 |

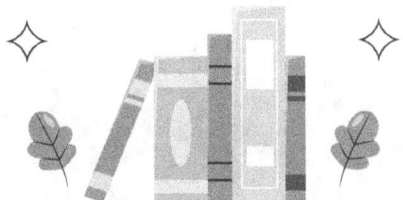